내가 키운
채소로 만드는
×
맛있는
한 그릇 요리

내가 키운 채소로 만드는 × 맛있는 한 그릇 요리

장진주 지음

팜파스

Prologue

서울 도심 한가운데 사는 전형적인 도시인은 초록이 그리워서 집에 꽃도 사다가 꽂아보고, 식물도 심어보고 여러 가지 시도를 합니다. 아침에 일어나서 얼마나 자랐는지 확인하고, 저녁에 퇴근해서 물도 줍니다. 반려동물이 사람들의 삶에 중요한 요소인 것처럼 동물 대신 반려식물을 키우는 셈입니다.

채소를 키우면서 제일 좋은 것은 냉장고에 넣어두고 잊었다가 상해서 버려지는 음식물 쓰레기가 없다는 것입니다. 퇴근해서 자기 전에 상추, 치커리, 근대, 청경채 등을 한 장 한 장 수확해서 물에 씻고 채소 탈수기를 돌려 냉장고에 넣어둡니다. 그럼 아침에 신선한 샐러드를 만들어 먹을 수 있습니다. 밖에서 사먹는 음식들이 맛이 있긴 하지만, 하루에 한 끼 또는 일주일에 두어 끼 정도는 채소를 듬뿍 넣은 음식을 먹어야 몸이 가벼워지는 기분이 듭니다. 그래서 함께 채소를 키워보고자 이 책을 만들게 되었습니다.

사진으로 표현이 안 되는 모습이 많아서 그림으로 그려보았습니다. 배운 적이 없는데 세밀하게 포인트를 잡아내야 해서 누가 대신 해줄 수도 없는 일이라 고생을 많이 했습니다. 생물 강사이기 때문에 항상 칠판에 쓰고 그림을 그리지만 출간을 위한 작업은 고생의 끝이 보이지 않았습니다.

이전에 나왔던 책에 LED라는 새로운 방법을 도입해서 환경의 제약을 극복하고 좀 더 많은 수확과 풍성한 모습을 볼 수 있도록 개선해보았습니다. 이 시도가 많은 분에게 즐거움과 놀라움의 선물이 되길 바랍니다.

마지막으로 이 책이 나오기까지 도움을 주신 분들, 그리고 이제 만나게 될 독자들께 감사드립니다. 참으로 오랜만에 책을 출간을 하는데 그동안 많은 변화와 사연이 있었습니다. 그런 이야기들은 유튜브와 인스타그램에서 풀어보겠습니다.

Contents

Prologue 4

BASIC
채소를 키우기 전에

Basic 01
채소의 분류 – 식용 부위별 12

Basic 02
채소가 자라는 단계(과정)와 원리 13

Basic 03
채소를 키우는 방법

무엇으로 키울까 1 14

무엇으로 키울까 2 – 인공광(LED)을 이용해보자 16

어떻게 키울까 27

더 잘 자라게 영양분 주기 30

다 키운 후 화분 정리하기 32

병충해 예방법 33

● 마트에서 구해서 키울 수 있는 채소 35

Part 01
새싹채소 & 어린잎채소

/ 콩나물 /
콩나물 키우기 38
콩나물을 이용한 간단요리 레시피 39
콩나물국 · 콩나물밥

/ 숙주나물 /
숙주나물 키우기 40
콩나물을 이용한 간단요리 레시피 41
국물쌀국수 · 볶음쌀국수

/ 무순 /
무순 키우기 42 6
무순을 이용한 간단요리 레시피 43
마키 · 훈제연어 롤

/ 새싹 적양배추 /
새싹 적양배추 키우기 44
새싹 적양배추를 이용한 간단요리 레시피 45
타코 · Jar salad(자 샐러드), 유리병 샐러드

/ 새싹 알팔파 /
새싹 알팔파 키우기 46
새싹 알팔파를 이용한 간단요리 레시피 47
새싹 소바 롤 · 새싹 월남쌈

/ 새싹 메밀 /
새싹 메밀 키우기 48
새싹 메밀를 이용한 간단요리 레시피 49
묵사발 · 두 가지 색의 그린 샐러드

/ 밀싹 /
밀싹 키우기 50
밀싹을 이용한 간단요리 레시피 51
밀싹 주스 · 밀싹 떡쌈

/ 보리싹 /
보리싹 키우기 52
보리싹을 이용한 간단요리 레시피 53
보리싹 비빔국수 · 보리쌀 샐러드

/ 어린잎 적근대 /
어린잎 적근대 키우기 54
어린잎 적근대를 이용한 간단요리 레시피 55
어린잎 적근대 무화과 샐러드 · 어린잎 적근대 오믈렛

/ 어린잎 비타민채(다채) /
어린잎 비타민채(다채) 키우기 56
어린잎 비타민채(다채)를 이용한 간단요리 레시피 57
어린잎 리코타 치즈 샐러드 · 어린잎 수란 브런치

/ 새싹 완두 /
새싹 완두 키우기 60
새싹 완두를 이용한 간단요리 레시피 61
밥 샐러드 · 그린 샐러드

Part 02
잎채소

/ 상추 /
상추 키우기 64
상추를 이용한 간단요리 레시피 65
상추-김-낫토 카나페 • 우렁이 쌈장과 상추쌈밥

/ 치커리 /
치커리 키우기 66
치커리를 이용한 간단요리 레시피 67
치커리 겉절이 • 치커리 비빔밥

/ 깻잎 /
깻잎 키우기 70
깻잎을 이용한 간단요리 레시피 71
깻잎튀김 • 깻잎 페스토

/ 쑥갓 /
쑥갓 키우기 74
쑥갓을 이용한 간단요리 레시피 75
두부김치 • 어묵탕

/ 열무 /
열무 키우기 76
열무를 이용한 간단요리 레시피 77
열무김치 • 열무김치 보리비빔밥

/ 얼갈이배추 /
얼갈이배추 키우기 80
얼갈이배추를 이용한 간단요리 레시피 81
얼갈이배추 된장국 • 얼갈이배추 된장무침

/ 돌나물 /
돌나물 키우기 82
돌나물을 이용한 간단요리 레시피 83
콜드 파스타 • 닭가슴살 토마토 샐러드

/ 미나리 /
미나리 키우기 86
미나리를 이용한 간단요리 레시피 87
미나리 초무침 • 미나리 연근 샐러드

/ 잎비트 /
잎비트 키우기 88
잎비트를 이용한 간단요리 레시피 89
잎비트 황도 샐러드 • 쌈밥

/ 시금치 /
시금치 키우기 90
시금치를 이용한 간단요리 레시피 91
순두부 샐러드 • 시금치 버섯 샐러드

/ 청경채 /
청경채 키우기 94
청경채를 이용한 간단요리 레시피 95
청경채 홍합 볶음 • 청경채 스푼 핑거푸드

/ 부추 /
부추 키우기 96
부추를 이용한 간단요리 레시피 97
부추 겉절이 • 소고기 육전

/ 대파 /
대파 키우기 98
대파를 이용한 간단요리 레시피 99
대파 볶음밥 • 달걀찜

/ 쪽파 /
쪽파 키우기 100
쪽파를 이용한 간단요리 레시피 101
해물파전 • 투움바 파스타

/ 셀러리 /
셀러리 키우기 102
셀러리를 이용한 간단요리 레시피 103
셀러리 조개볶음 • 셀러리 장아찌

Part 03
허브

/ 루꼴라 /
루꼴라 키우기 106
루꼴라를 이용한 간단요리 레시괴 107
루꼴라 피자 • 루꼴라 샌드위치

/ 애플민트 /
애플민트 키우기 110
애플민트를 이용한 간단요리 레시피 111
모히또 • 민트향 꿀자몽

/ 로즈마리 /
로즈마리 키우기 112
로즈마리를 이용한 간단요리 레시피 113
로즈마리 닭날개 구이 • 로즈마리 포카치아

/ 파슬리 /
파슬리 키우기 116
파슬리를 이용한 간단요리 레시피 117
토마토소스 • 미트볼 스파게티

/ 바질 /
바질 키우기 120
바질를 이용한 간단요리 레시피 121
카프레제 샐러드 • 마르게리따 피자

/ 한련화 /
한련화 키우기 124
한련화를 이용한 간단요리 레시피 125
꽃 비빔밥 • 양배추 피클

/ 딜 /
딜 키우기 126
딜을 이용한 간단요리 레시피 127
오이피클 • 연어스테이크

/ 오레가노 /
오레가노 키우기 128
오레가노를 이용한 간단요리 레시피 129
토마토구이 • 해산물 오일 파스타(마약 파스타)

/ 타임 /
타임 키우기 130
타임을 이용한 간단요리 레시피 131
허브오일 • 허브향 통닭구이

To Raise Vegetables

BASIC

채소를 키우기 전에

Basic 01
채소의 분류 / 식용 부위별

채소의 분류 기준은 여러 가지가 있는데 식용 부위에 따라 분류해보면 다음과 같다. 이 책에서는 잎채소를 다루었다.

1. **잎채소** 배추, 상추, 시금치, 부추 등
2. **줄기채소** 죽순, 아스파라거스 등
3. **뿌리채소** 무, 당근, 고구마 등
4. **열매채소** 완두, 오이, 호박, 가지 등
5. **꽃채소** 꽃양배추, 아티초크 등

잎채소 줄기채소 열매채소 뿌리채소 꽃채소

Basic 02
채소가 자라는 단계(과정)와 원리

채소가 자라는 단계(과정) :
채소의 성장 단계와 우리가 먹는 잎채소의 단계

채소의 성장 단계는 '씨앗 – 떡잎 – 본잎 – 성체 잎채소 – 꽃 – 열매 – 씨앗'의 과정으로 진행된다. 잎채소에는 떡잎이 나왔을 때 먹는 새싹채소와 본잎이 나오면 먹는 어린잎채소, 그리고 쌈으로 먹는 상추 등의 성체 잎채소로 구분할 수 있다. 시중에서 판매하는 어린잎채소는 길이나 자란 상태에 따라 마이크로 그린, 어린잎채소, 베이비채소 등의 용어를 사용하기도 한다. 흔히 어린잎채소는 떡잎이 나온 이후 본잎이 나오기 시작하는 상태를 말하며, 처음 나온 본잎이 자라 3cm 정도 되는 것, 그리고 3~5cm 정도 되는 것이 있다.

- 흔히 먹는 상추 등의 잎채소를 새싹채소, 어린잎채소와 구분하기 위해 편의상 성체 잎채소라는 단어로 표현했다.

채소가 자라는 원리

채소는 잎에 있는 엽록체라는 기관에서 햇빛을 받아 광합성을 한다. 광합성을 하면 포도당이 만들어지는데, 이 포도당이 채소를 자라게 하고 양분을 축적한다. 그런데 이 과정에는 물이 반드시 필요한데, 물에는 수분과 각종 미네랄이 들어 있어서 광합성을 더 활발하게 해준다. 만약 물이 고갈되면 채소가 바짝 말라 형체를 알아볼 수 없게 변하거나 바스락거리게 된다. 이는 채소의 90% 이상이 물이라는 것을 감안하면 놀랄 만한 일이 아니다.
기본적으로 물과 빛이 있으면 채소가 죽지 않고 자랄 수는 있다.
하지만 좀 더 수확량을 많게 하거나 빨리 키우려면 추가로 양분을 공급해야 한다.
이때 추가 양분으로 주는 것이 퇴비 또는 비료이다.

Basic 03
채소를 키우는 방법

무엇으로 키울까 1

준비물과 재배도구 화분, 흙, 씨앗 또는 모종

• **화분**: 상추 같은 잎채소를 키울 때는 보통 테이크아웃 커피 컵 크기의 화분이면 충분하다. 그러나 흙이 아닌 물로 키우는 새싹채소의 경우는 별도의 화분이 필요하지 않다. 경우에 따라서 새싹채소도 흙에서 키울 수 있다. 그러나 김장배추처럼 다 자랐을 때 크기가 큰 (잎)채소의 경우에는 다 자랐을 때의 크기나 그 이상 크기의 화분이 필요하다. 화분은 구입해도 좋지만 처음 하는 경우에는 테이크아웃 커피 컵이나 스티로폼 상자 등을 깨끗하게 씻어서 사용하는 것이 비용 절감에 유리하다. 다만 재활용 용기를 이용할 때에는 깨끗한 것을 고르거나, 잔여물이 남아 악취를 유발하지 않도록 깨끗하게 닦는다. 이 외에도 페트병을 잘라 위쪽은 뒤집어서 화분으로, 아래쪽은 물받침 용기로 사용하는 방법도 있다. 이 책에서는 주로 페트병을 화분으로 사용했다.

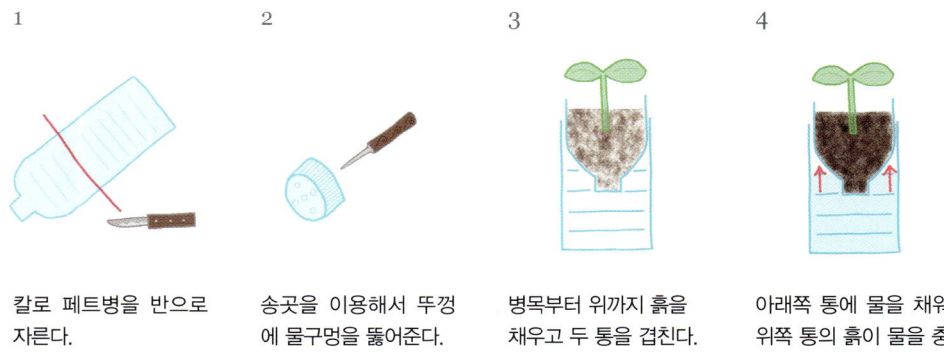

1 칼로 페트병을 반으로 자른다.
2 송곳을 이용해서 뚜껑에 물구멍을 뚫어준다.
3 병목부터 위까지 흙을 채우고 두 통을 겹친다.
4 아래쪽 통에 물을 채워 위쪽 통의 흙이 물을 충분히 머금도록 한다.

〈페트병 화분 만들기〉

- **흙**: 화단이나 놀이터 또는 산 등에서 흙을 가져다가 채소를 키우면, 흙 속에 들어 있는 바이러스나 세균성 식물 질병을 채소에 그대로 옮길 수 있다. 안전한 재배를 위해서는 '원예용 상토 또는 상토'를 구입하여 사용하는 것이 좋다. 이는 우리가 강물이나 바닷물 또는 하천수를 그대로 떠서 마시지 않고, 생수를 구입해서 먹는 것과 같은 원리다. 따라서 외부의 흙을 가져다 쓰는 것을 권장하지는 않는다.

원예용 상토는 식물이 자라기에 적합하도록 여러 가지 재료를 배율대로 혼합해놓은 것으로, 부드럽고 물 빠짐과 보유력이 좋고 초기 생육에 필요한 양분이 들어 있다.

시판 제품 중 유난히 물이 금방 날아가서 보습이 잘 안 되는 제품을 사용한다면 물을 항상 채워놓고 키우는 것도 방법이다.

- **씨앗 또는 모종**: 심는 대상은 씨앗이나 모종 어떤 것이든 상관없다. 씨앗은 구하기 편하지만 모종은 시중에서 판매하는 시기가 연중 봄과 가을 두 번뿐이므로, 직접 모종을 만들거나 온라인으로 구입해야 한다. 씨앗으로 심을 경우에는 모든 과정을 직접 관리하므로 외부 병충해의 영향을 받지 않고, 원하는 종류의 씨앗을 구해 키울 수 있어서 좋다. 하지만 모종이 되기까지 약 2~3주의 기간이 필요하므로, 재배 기간을 줄이고 수확 시기를 앞당기기 위해서는 모종을 구입하는 것이 좋다. 반면에 모종을 구입하여 재배할 때 잎채소 모종은 온·오프라인에서 개당 가격이 300~2,000원 정도이고, 씨앗 한 봉지는 2,000원 이상이므로 이를 감안하면 가격 면에서 더 이득이다. 그러나 수량이 많이 필요하다면 가격이 부담될 수도 있다. 한번 심어두면 오래 먹을 수 있는 상추, 치커리 등 낱장으로 수확해서 먹는 잎채소는 고종으로 구입하고, 새싹채소나 어린잎채소 그리고 다량으로 키우는 경우에는 씨앗을 구입할 것을 추천한다.

- 모종은 '묘'라는 용어의 우리말 표현이다.
- 떡잎과 본잎의 모양: 떡잎은 씨앗에서 싹이 트면서 제일 처음 나오는 잎이다. 쌍떡잎식물의 경우 2개가 마주보며 나고, 외떡잎식물의 경우는 하나의 떡잎이 난다. 떡잎의 모양은 식물 또는 채소의 종류에 따라 다르다. 상추의 경우 타원형의 떡잎 두 개가 마주 보며 나고 루꼴라(로켓)의 경우 하트 모양 떡잎 두 개가 마주 보며 난다.

무엇으로 키울까 2 – 인공광(LED)을 이용해보자

그러면 바질을 정말 실컷 먹을 수 있다

식물이 자라는 데 꼭 필요한 것

창문을 통과한 빛은 일단 식물을 키우기에 아주 충분한 양이 아니다. 그러나 커다란 통유리가 있는 베란다 또는 오피스텔 같은 곳에서는 잘 키울 수 있지만 창 부근에서만 잘 자라는 등의 공간적인 제약이 있기 때문에 새로운 방법을 제안한다. 바로 빛이 충분히 들어오지 않는 공간에서 빛을 보완하기 위해 LED 조명을 이용하는 방법이다.

꼭 LED만 가능한 것은 아니지만 발열로 인한 재배 공간의 온도 상승이나 전기세 등을 고려하여 추천하는 광원이다. 이때 식물 재배 전용 LED라고 청색과 적색을 판매하기도 하는데, 우리한테는 큰 차이가 없으므로 백색을 추천한다. 왜냐하면 보라색 불빛이 집이나 실내 공간에서 불편할 수도 있기 때문이다. 실제로 식물이 자라는 데 꼭 필요한 요소들 중 우리가 살아가는 공간에서 가장 큰 제약은 빛의 세기이다.

LED는 왜 써야 할까?

일단 식물이 자라는 원리를 다시 한번 살펴보면 옆 페이지의 그림과 같다. 이산화탄소와 물 그리고 땅속 미네랄을 재료로 포도당을 만들어서 잎에 저장하고 열매를 만든다. 이때 모든 재료가 다 있어도 광합성이라는 반응을 시작하려면 빛이 필요하다. 예를 들어 시험장에서 시험을 보려고 준비하고 앉아 있는데 시작하라는 신호가 없으면 아무것도 할 수 없는 것처럼, 광합성에서는 일정 이상의 빛의 세기가 그 조건이다. 바로 역치를 넘어서는 빛이 필요하다. 외부 텃밭이나 옥상 또는 정원의 노출된 공간에서는 햇빛이 그 역할을 하지만 실내에서는 많이 차단된다. 창으로 들어오는 빛으로는 부족하다. 식물이 자라게 할 만큼의 빛이 필요하지만 우리는 수확해서 먹고 싶기 때문에 더 많은 빛을 줘야 한다.

- 역치: 생물체가 자극에 대한 반응을 일으키는 데 필요한 최소한도의 자극의 세기를 나타내는 수치

많은 사람이 우리 집 화초와 채소가 잘 안 자란다면서 왜 그런지 물어본다. 그러면 줄 수 있는 답변은 "빛을 최대한 많이 보게 해주세요"이다. 하지만 모든 집이 다 조건이 같은 건 아니다. 집집마다 환경은 매우 다양하기 때문에 정확한 수치로 제시하기 어렵다. 창문의 크기나 두께, 재질도 다르고 개수도 다르기 때문이다. 그러나 분명한 것은 웬만한 집에서는 베란다나 창틀에서는 씨앗 봉투에 써 있는 만큼 수확하기 어렵다는 것이다. 바질 씨앗 봉투에는 직접 기르면 실컷 먹을 수 있다고 써 있다. 하지만 충분히 잘 자라지 않기 때문에 한 번 수확하고 접었다는 이야기도 들은 적이 있다.

다음 페이지의 중고등학생들 생물 시간에 나오는 '광합성에 영향을 주는 요인' 그래프를 보자. 필자는 생물강사여서 이 그래프를 항상 다루고 학생들에게 설명해주기 때문에 왜 식물체가 잘 자라지 않는지 근거를 들어 이해를 돕고자 한다.

광합성에 영향을 주는 요인은 많지만 그중 제일 중요한 것 세 가지는 빛의 세기, 이산화탄소 농도, 온도이다.
이 중 이산화탄소는 대기중에 충분하기 때문에 큰 제약이 아니다. 온도는 실내에서 키울 경우 사람이 생활하기 적합하기 때문에 식물도 그러하다. 이것 역시 충족되었으니 다음은 빛의 세기가 제일 문제가 되는 것이다.

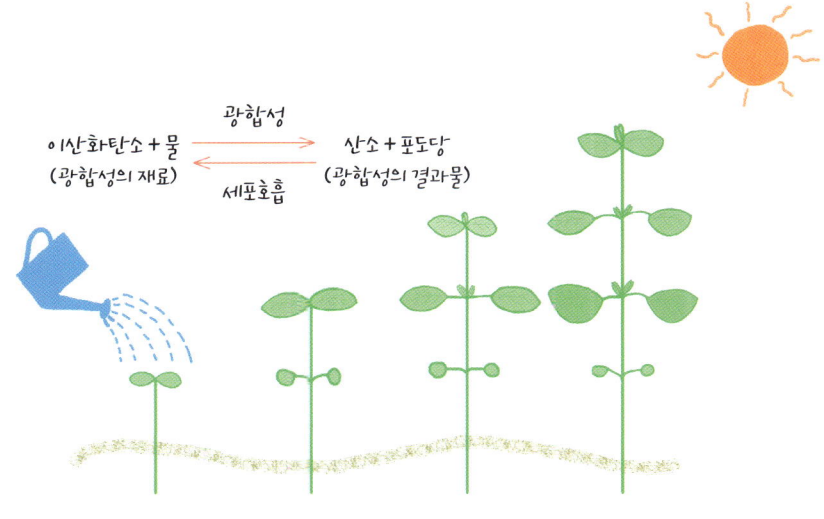

〈미네랄(양분합성의 재료)〉

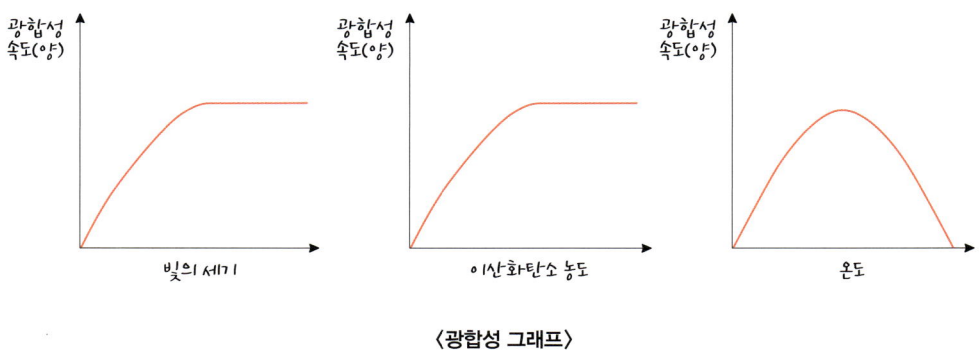

〈광합성 그래프〉

제일 왼쪽 그래프를 보면 빛의 세기가 세질수록 광합성 양이 늘어난다. 하지만 일정 이상이 되면 빛이 더 강해져도 식물이 계속해서 자라는 것은 아니다. 식물은 기본적으로 항상 몸에서 필요한 에너지를 소모하면서 광합성을 한다. 빛이 부족하면 에너지를 소모만 하다가 시들어 죽는다. 광합성 양이 점점 늘어나면서 잎의 개수와 부피가 커진다. 쉽게 생각하면 우리가 다이어트를 할 때와 같다. 기초대사량이 하루에 1000kcal인 사람이 1000kcal만 먹으면 몸은 유지가 된다. 이 사람이 2000kcal를 먹으면 살이 찐다. 식물은 먹지 못하는 대신 스스로 만들어내기 때문에 광합성 양이 우리가 먹는 양이라고 생각하면 된다. 좀 어려울 수 있지만 이 부분의 이해가 반드시 필요하다.

빛의 양에 따른 바질 잎의 크기, 두께 차이

빛의 추가 공급이 필요하다는 것을 설명했으니 이제부터는 바질을 예로 들어 설명해보고자 한다. 일정 세기 이상의 빛이 있으면 광합성을 원활하게 할 수 있다. 또한 약한 빛과 그보다 센 빛에서도 차이가 있다. 센 빛에서는 빛이 충분하기 때문에 잎을 넓게 만들지 않아도 광합성을 원활하게 할 수 있다. 그러나 약한 빛에서는 잎을 넓게 펼쳐서 최대한 표면적을 넓혀 빛을 많이 모을 수 있게 해야 한다. 아래 첫 번째 사진이 충분한 빛에서의 바질 잎인데, 잎의 색도 진하고 크기도 작다. 이 상황에서는 잎의 단면을 보면 두께도 두껍다. 그러니 잎이 큰 것만이 좋은 것이 아니라는 사실을 기억해야 한다.

실제로 LED를 처음 설치하고 그 아래에서 바질을 키웠을 때 바질 잎이 이전보다 작고 색이 진해서 뭐가 잘못 되었나 고민했었다. 하지만 잠시 생각해보니 생물학의 원리 중 하나로 빛을 확보하기 위한 현상이었다. 아래 맨 오른쪽 그림을 보면 잎을 겹쳐 두어 색과 크기 차이를 확인할 수 있다.

〈빛의 양에 따른 바질 잎의 크기, 두께 차이〉

이것을 수치로 확인해보기 위해 간이 광도계를 구입해서 측정해보니 실제로 빛의 세기 차이가 많이 났다. 원예학개론 책을 보면 채소 재배를 할 때 일정 수치 이상의 빛을 줘야 웃자람 없이 자란다고 써 있다. 만약 그 수치가 충족되지 않으면 씨앗 봉투에 있는 그림처럼 자라지 않는다.

물론 시판 채소 재배기도 사용해봤지만, 자라는 모양이 온전하지 않고 속도 또한 더뎠다. 특히 상추의 경우 빛이 부족하면 마디와 마디 사이가 길어져서 줄기가 휘청거리고 쓰러지기까지 했다. 이것은 판매하는 회사가 빛의 양을 충분히 고려하지 않은, 모양만 재배기와 인공광을 판매한 경우이다. 빛의 양이 충분했으면 재배하는 사람도 실패할 확률이 현저히 줄어들고 수확의 기쁨도 느꼈을 텐데 아쉽다.

〈정상으로 자란 상추(O)〉   〈웃자란 상추(X)〉

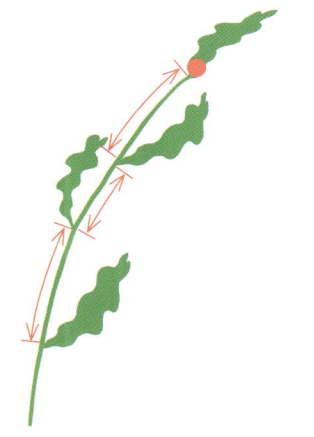

많은 사람이 웃자란 상추를 보고 키가 컸다며 좋아하지만 실제로는 잘못 자란 경우이다. 상추는 생장점이 뿌리와 가까운 곳에 있다. 그런데 마디가 길어지면서 생장점도 같이 위로 올라간 모습을 아래 그림에서 볼 수 있다.

LED 모듈 구입

LED 모듈을 구입하려는데 온라인에 나온 제품들을 살펴보니 설치 방법을 모르겠다. 그래서 몇 년 동안 구상만 하고 실제로 해결책을 찾지 못했었다. 하지만 다시 키우고 싶은 마음에 알아보던 중 우연히 공구와 재료들을 파는 서울 한복판의 을지로 조명 거리를 가게 되었다. 설명을 제일 잘 해줄 것 같은 상점으로 들어가서 상황을 말씀드리고 25W 이상의 광원에 전원 플러그를 구입하면서 연결 방법을 물어보니 그 자리에서 바로 직접 연결을 해주었고 집에 와서 바로 선반에 설치했다. 25W LED 한 줄에 1만 원, 3,000원의 전원 연결선 여러 개를 구입해 연결했다. 가로 55cm 선반에 25W짜리 두 줄을 설치했는데 나중에 보니 한 줄만 연결해도 일단은 뚜렷한 차이를 볼 수 있으니 단계별로 시도해 볼 수 있다.

LED 광원 색깔에 대한 고민은 이미 앞에 언급했듯이 흰색 또는 미색으로 하면 된다. 개인적으로는 형광 빛이 도는 것보다 약간 부드러운 색인 빛 온도 6,500K짜리를 선호한다.

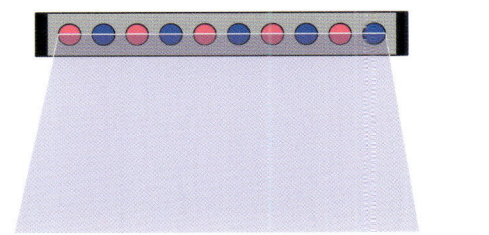 

〈LED 광원 색상〉

선반에 고정하고 화분을 올리는 과정을 좀 더 자세히 살펴보자.

광원 고정

LED 광원을 구입한 후에는 고정할 선반 또는 공간이 필요해서 처음에는 4단 선반에 케이블 타이로 묶었다. 케이블 타이도 다양한 길이가 있는데 약 20cm 정도 되는 긴 것으로 광원을 구입하면서 함께 구입했다. 자석으로도 붙여봤지만 혹시나 LED 바가 식물체 위로 떨어지면 뭉개질 우려가 있어서 단단하게 타이로 묶었다.

타이머 설치

빛을 24시간 켜두면 식물이 스트레스를 받는다. 또한 잠을 잘 때 사람도 그 빛에 의해 피로해지는 것을 방지하기 위해서라도 타이머는 반드시 사용해야 한다. 식물이 24시간 빛을 받으면 스트레스로 인해 수확량도 줄어들고 여러 가지 문제가 생길 수 있다. 우리가 잠을 못자고 생활한다고 생각하면 이해가 잘 될 것이다.

화분 변경

투명한 테이크아웃 컵과 주변에서 쉽게 구할 수 있는 용기로 식물을 재배했는데, 물을 주다가 광원으로 흘러 들어갔고, 지지직 소리가 나면서 불이 날 것 같았다. 바로 전원을 차단하고 창문을 열어 환기시키고 하루 정도 건조시킨 후 다시 전원을 공급했다. 그리고 그다음 날 바로 테이크아웃 컵이 아닌 크고 넓은 화분으로 바꿨다. 넓은 화분에 키울 경우 물을 줄 때 흘릴 염려가 없다.

재배하기 위해
필요한 것
(LED 모듈 관련)

선반
가격: 약 3만 원
세부사항: 조명을 고정해서 식물체를 놓을 공간이 필요하다. 완성된 재배기를 구입하는 것이 아니라 각자의 공간에 맞는 선반을 구입해서 광원을 달아주거나 기존에 갖고 있는 선반 또는 책상이나 장식장 등에 설치하면 된다.

LED 광원
가격: 25W 기준 한 줄과 전원 플러그까지 약 1만 5,000원
세부사항: 기본적으로 선반 한 칸에 25W 이상의 광원을 1개 설치하면 광원이 없을 때보다 현저하게 잘 자라는 것을 확인할 수 있다. 필자는 25W짜리 광원 두 개를 한 칸에 사용하고 있다.

이는 이 책의 표지 사진을 참고한다. 자석이 붙어 있는 모듈이라면 철제 선반에 바로 부착할 수 있다. 그렇지 않으면 케이블타이를 이용하는 것도 방법이다. 만약 그도 여의치 않으면 얇은 자석 패널을 넓고 투명한 테이프로 붙인 다음 그 위에 광원을 자석으로 붙인다. 창의력을 발휘해보자!

타이머
가격: 개당 약 1만 원

세부사항: 식물도 우리처럼 밤에는 불을 끄고 잠을 재워야 스트레스를 덜 받는다. 보통은 '낮:밤 = 16시간:8시간'으로 설정하기를 추천한다. 식물 종류에 따라서 밤의 길이가 더 길어야 하는 것들도 있지만 시작할 때에는 이 16시간 기준으로 해보길 바란다. 시금치 등 겨울에 잘 자라는 종류를 키운다면 조건을 달리하면 된다. 이 경우에는 '단일식물'이라고 검색해서 참고한다.

Tip LED 광원은 'LED 모듈'이라고 검색하면 나온다. 전원 플러그가 연결된 것을 구입하길 추천한다.

재배하기 위해 필요한 것

(식물체 관련)

식물체
가격: 모종으로 구입 시 개당 약 300~2,000원, 씨앗으로 구입 시 한 봉지당 상추는 약 2,000원
세부사항: 모종과 씨앗 종류마다 가격이 다르다. 흔하고 번식이 잘 되는 종류는 가격이 상대적으로 저렴하고, 그렇지 않은 종류는 씨앗 한 봉지에 10만 원 가량 하는 것도 있다.

화분과 배지(뿌리 지탱)
가격: 재활용 테이크아웃컵 또는 천원샵에서 1,000~2,000원부터
세부사항: 화분은 작은 것을 써도 좋지만 채반에 넓게 재배를 하는 것도 좋다. 공간이 넓으면 식물체가 자랄 공간도 여유가 생겨서 지하부도 지상부도 넉넉하게 자랄 수 있다.

원예용 상토(배양토) 또는 팽창질석
가격: 원예용 상토는 50L 기준 약 1만 원, 팽창질석은 100L 기준 약 2만 5,000원
세부사항: 원예용 상토를 구입할 때는 분갈이토가 아닌 '배양토, 상토'라고 써 있는 것을 구입하도록 한다. 분갈이토에는 양분이 세게 들어 있어서 삼투압 때문에 씨앗이 발아하지 못할 수도 있기 때문이다. 팽창질석은 배양토보다 물 흡수를 잘해서 필자가 애용한다.

양분, 수경재배용 영양분 용액
가격: A+B 한 세트로 약 1만 원
세부사항: 대유 물푸레 수경재배용 양액 '엽채류'

실내에서 LED로 식물을 키우다 보면 자라는 속도가 빨라서 수확량도 많다.
또한 바질 같은 경우 키가 30cm 이상 자라기도 한다. 하지만 수직 방향으로 공간이 부족하다면 꼭대기에 있는 윗부분의 분열조직을 잘라내면 된다. 그렇게 하면 위로만 자라던 세력을 양옆으로 분산시킬 수 있다. 채소 중에는 바질, 토마토 등이 그렇게 자라는데, 특히 이 둘은 분열조직이 가장 윗부분 그리고 마디마다 있기 때문이다.

LED 조명을 사용할 때 발열이 아예 없진 않다. 형광등보다는 현저히 적지만 약간의 발열이 있기 때문에 창문을 열거나 선풍기를 켜주는 등의 환기로 해소시킬 필요가 있다. 통유리로 된 실내라면 열의 순환이 더 필요하므로 하루에 한두 번은 환기를 시킨다. 사람이 있기어도 더운 공간은 식물도 당연히 견디기 어렵다. 그럴 때에는 식물체가 죽기 전에 자손 번식을 하려고 꽃을 피우기 시작한다. 자주 수확하지 않아도 꽃대를 올리려고 한다. 양분이 넉넉할 때에도, 그리고 환경이 좋지 않을 때에도 자손을 번식하려는 것이 자연의 이치이기 때문이다.

LED로 키우면
유용한 10가지
추천 채소

상추, 청경채, 비타민채, 오이, 루꼴라, 20일무(래디쉬)
재배에 상대적으로 빛이 많이 필요한 종류들이다. 빛이 셀수록 줄기의 아삭한 부분이 더 많아지고 통통해진다. 오이도 창가에서 키울 수는 있지만 LED 빛을 공급할 경우 더 자주, 그리고 많이 수확할 수 있다. 20일무는 뿌리가 더 통통하게 자라 무가 된다. 잎만 키우는 것이 아니라 지하부도 키워야 하기 때문에 빛이 더 많이 필요하다.

바질, 로즈마리
아주 강한 빛이 반드시 필요한 종류는 아니지만 요리에 자주 쓰이므로 더 자주 수확하기 위해서 추천한다. 위의 첫 번째 분류보다는 빛이 상대적으로 적어도 잘 자란다. 추가로 빛을 공급하지 않을 때보다 수확량이 월등히 많다.

부추, 타임, 오레가노
빛을 추가로 공급해주는 것만으로도 수확량이 늘어난다. 부추는 뿌리만 튼튼하다면 1~2주에 한 번씩 수확할 수 있다. 요리에 자주 쓰이기 때문에 남는 것 없이 필요한 만큼만 수확할 수 있어서 추천한다. 또한 타임은 생선을 구울 때 한두 줄기씩 수확해서 올리면 비린내를 잡을 수 있다. 재배 또한 수월해서 추천한다.

집에서 자주 쓰는 유용한 채소들을 위주로 추천한 것이다. 상추 중에서도 생추생채나 미니로메인 상추 등 줄기가 아삭한 종류들을 더욱 추천한다. LED를 이용하면 줄기가 탱탱하고 잎이 탄탄하고, 더 맛있게 키울 수 있다. 하지만 똑같은 씨앗으로 재배를 해도 모두가 같은 결과를 내지는 않는다.

어떻게 키울까

- **씨앗 심기**: 화분에 흙을 80% 정도 담고, 가운데 씨앗 굵기의 3배만큼 손가락으로 살짝 눌러 씨앗 3개를 올린다. 그런 다음 흙을 덮어 평평하게 하고 화분 아래에 물그릇을 받쳐 물이 충분히 흡수되도록 30분 정도 방치한다. 발아할 때까지 화분에 랩을 씌워 습도를 유지한다. 랩을 씌워도 가장자리의 틈을 손톱만큼은 열어줘야 한다. 왜냐하면 발아하는 씨앗은 세포호흡을 하기 때문에 우리처럼 산소가 필요하다. 반면에 빛을 받아 초록 부분이 생긴 식물체는 산소를 배출하는 광합성을 한다. 또한 창가에 둘 경우 밤에 온도가 낮아져 발아에 부적합할 수 있으므로 방 안이나 거실에 두고 발아를 촉진하도록 한다. 흙에 심을 경우에는 이 방법을 이용하고, 물에 키울 경우에는 본문 내의 방법을 활용한다. 발아의 최적 조건은 온도 25℃, 습도 100%이다.

- 화분의 80%만 흙을 담는 이유는 물을 줄 때 흙이 넘치는 것을 방지하기 위해서다. 경우에 따라서는 새싹채소나 어린잎채소처럼 다량의 씨앗을 심기도 한다.

- **모종 심기**: 화분에 흙을 80% 정도 담고 가운데 모종에 달려 있는 흙만큼 구멍을 파서 모종을 옮겨 심는다. 이때 모종의 흙과 같은 깊이로 심고, 만약 심은 후에 곧게 서지 못하면 흙을 더 얹거나 주위의 흙을 모아 꼿꼿하게 설 수 있도록 지탱해준다.

〈 저면관수 〉
화분 아래에 물그릇을 받쳐두어
위로 물을 끌어올리는 방법

- **물주기**: 물을 주는 방법은 두 가지다. 첫 번째는 흙 위에 주는 것으로 일반적으로 많이 사용하는 방법이다. 두 번째는 화분 아래에 물그릇을 받쳐두어 위로 물을 끌어올리는 것이다. 이 방법은 집을 며칠 비울 경우 식물체가 말라 죽지 않도록 하는 데 유용하다. 또한 페트병 뚜껑에 송곳으로 구멍을 뚫고 페트병에 물을 가득 채워 화분의 흙에 거꾸로 꽂아두면 필요한 만큼만 물이 공급된다.

- **수확하기(반복수확 포함)**: 흙없이 재배한 새싹채소는 뿌리째 헹구고, 흙에 심은 경우 흙의 1~2cm 윗부분 줄기를 잘라 수확한다. 새싹채소보다 며칠 더 키운 어린잎채소는 줄기를 통째로 자르거나 새잎이 나오는 부위 바로 위를 잘라 2~3번 정도 반복수확하기도 한다. 성체 잎채소는 줄기에 가까운 잎의 부위를 아래로 눌러 젖혀 수확하거나 배추처럼 통으로 수확한다. 새싹채소는 한 번 키워 먹으면 생장점을 함께 수확하기 때문에 반복수확이 불가능하다. 그러나 어린잎채소와 성체 잎채소는 수확 방법에 따라 반복수확이 가능하다. 수확을 자주 하지 않으면 더 이상 영양분을 합성해둘 필요가 없으므로 자손 번식을 위해 꽃대가 올라와 잎채소가 맛이 없어진다. 따라서 잎이 자라면 부지런히 수확해서 먹는 것이 좋다.

> 이 경우 꽃대를 잘라내도 곧 다시 올라오므로 다시 심는 것이 좋다. 생장점이란 새로 자라나는 분열조직이 있는 부분이다. 이 부분이 손상되면 새로 자라날 수 없어서 곧 죽게 된다. 생장점을 제거하면 당연히 반복수확이 불가능하다.

〈 모종 심기와 물주기, 수확하는 방법 〉

더 잘 자라게 영양분 주기

채소를 기를 때 영양분을 준다는 것은 비료를 주어 과하게 빨리 기른다기보다는 먹을 만하게 기르기 위해서라는 인식을 가지는 것이 필요하다. 양분이 전혀 없는 흙에서, 식물체가 뿌리를 지탱할 정도의 양분만으로 우리가 먹을 것을 키운다는 건 말이 안 된다. 따라서 먹을 만한 채소를 수확하기 위해서는 양분을 주기적으로 공급해줘야 한다. 한 번 공급으로 끝나는 것이 아니라 양분이 고갈 되기 전에 반복하여 주기적으로 줘야 한다.

단계별 잎채소를 키우는 데 필요한 양분

- **새싹채소, 어린잎채소**: 추가 양분이 없이 씨앗의 양분만으로도 잘 자란다.
- **성체 잎채소**: 본잎이 나오기 시작하면 일주일에 한 번씩 추가 양분을 준다.

추천하는 추가 양분의 종류

- **수경 재배용 영양분 용액**: 채소가 자라기 적당한 성분 원소를 배합한 것으로 양액이라고도 한다. 농축액으로 시판되며, 물에 일정 배율로 희석하여 물 대신 준다. 흡수가 빠르고 특정 성분 원소가 부족해서 생기는 생리장해(공기 조성, 온도, 영양 등이 적절하지 못한 환경 조건에서 농산물 자체의 생리적 이상으로 야기되는 모든 장해)를 걱정할 필요가 없어 편하다. 한 번 구입해두면 오래 사용할 수 있지만, 소량으로 잠깐 재미삼아 키워보는 경우에는 다른 양분을 선택하는 것이 좋다. 수경 재배용 영양분 용액은 '대유'에서 나온 물푸레 제품이 믿을 만하다.

- **지렁이 분변토**: 시판 고형(흙 또는 흙과 비슷한 상태) 제품을 구입했는데 채소가 잘 자라지 않거나 냄새가 나는 등 부작용이 있던 경우, 또는 믿을 만한 양분을 소량 구입해 채소를 키워 보고 싶은 경우 지렁이 분변토를 사용해볼 만하다.

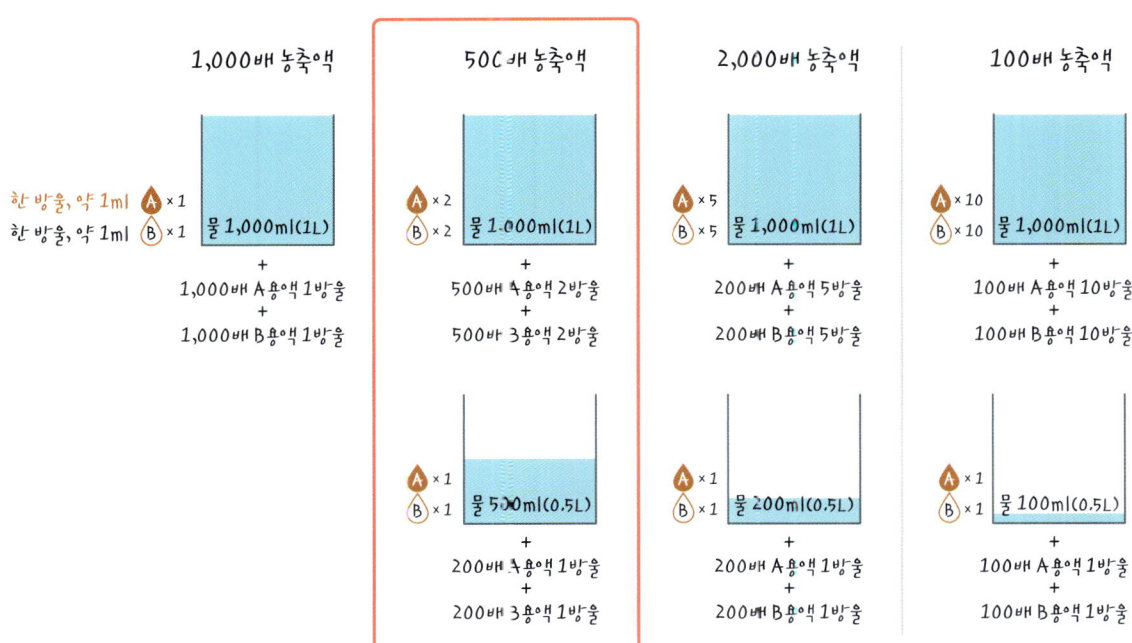

〈 영양분 용액을 희석하는 방법 〉

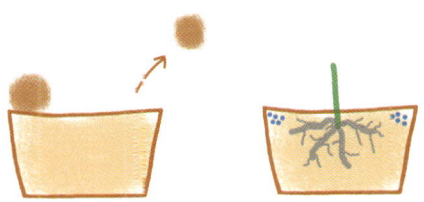

〈 고체 양분을 주는 방법 〉

다 키운 후 화분 정리하기

• **새싹채소, 어린잎채소**: 물로만 키우는 경우는 화분을 정리할 필요 없이 사용했던 망이나 기타 용기를 세척한다. 망의 경우 세척하면 여러 번 재사용할 수 있다. 흙에 키웠을 경우 흙의 양을 최소한으로 사용해서 재배 이후 흙은 일반 쓰레기에 버린다. 만약 흙을 많이 사용했는데 흙의 윗부분에만 뿌리가 내렸다면 그 부분을 걷어내고 다시 사용한다.

• **성체 잎채소**: 상추 등의 쌈채소를 심은 흙은 이미 뿌리가 용기 전체를 감싸 재활용하기 어려울 정도로 한 덩어리가 되어 폐기하는 것이 가장 낫다. 역시 일반 쓰레기에 버린다. 스티로폼 상자나 큰 화분에 재배한 경우 뿌리만 뽑아내고 빈 공간에 상토를 채워 기존 흙과 골고루 섞어 재사용한다.

• **여러해살이 허브**: 로즈마리나 타임 등의 여러해살이 허브는 일 년에 한두 번 정도 더 큰 화분에 옮겨 심는다. 이 과정에서 화분 크기만큼 흙이 추가로 필요하다. 따라서 여러해살이 허브는 다 키운 후 화분 정리하는 과정이 없고, 오히려 계속 화분의 크기를 늘리는 과정이 필요하다.

> 분갈이의 목적은 지상부가 자라면서 지하부도 함께 자라기 때문에 더 크게 키우기 위해서는 뿌리가 더 잘 뻗어나갈 수 있도록 여유 공간 확보가 필요하다.

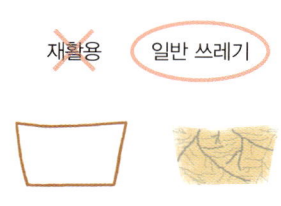

다 쓴 흙은 재활용이 아닌
일반 쓰레기로 배출한다.

병충해 예방법

채소를 키울 때 병충해를 예방하거나, 병충해를 입었을 때 응급 처치하는 방법은 많다. 하지만 많은 방법 중에서 추천하는 방법은 병충해가 생기지 않도록 창문을 열어 환기하거나, 벌레가 날아다니지 않도록 보이는 즉시 잡아야 한다. 또한 모종을 구입해왔을 경우 벌레가 붙어 있는지, 또는 상한 잎은 없는지 확인하여 발견 즉시 제거하는 것이 좋다.

재활용 화분을 깨끗하게 닦지 않거나 제거한 잎을 화분 위에 그대로 올려두면 병충해의 원인이 될 수 있다. 주위를 깨끗하게 관리하는 것이 병충해 예방의 가장 좋은 방법이다.

벌레의 밀도에 따른 해결 방법

- **한두 마리가 보이는 경우**: 손으로 잡는 것이 좋고, 잡기 힘들면 벌레가 앉아 있는 잎을 벌레와 함께 통째로 잘라낸다.
- **여러 마리가 보이는 경우**: 주로 잎 뒷면이나 새로 나는 잎에 많이 분포한다. 이 부위에 약국에서 파는 스프레이 타일의 친환경 살충제를 구입해서 충분히 분무한다.
- **셀 수도 없이 많이 보이는 경우**: 흙에 벌레가 떨어지지 않도록 흐르는 물로 씻어 밀도를 낮춘다. 물이 뚝뚝 떨어지지 않을 만큼 반나절 정도 '바람이 잘 드는 곳'에 두었다가 물기가 마르면 친환경 살충제를 흠뻑 젖을 정도로 분무한다.

한·두 마리가 보이는 경우   여러 마리가 보이는 경우

셀 수도 없이 많이 보이는 경우

병충해는 보통 바이러스성과 비바이러스성으로 나눌 수 있다. 바이러스성 병충해는 약이 없어서 생긴 즉시 그 식물체를 격리하거나 뽑아버리는 것이 상책이다. 많은 병충해는 벌레가 날아다니면서 옮기기 때문에 벌레가 보이는 즉시 처리한다. 맛있는 채소에는 벌레가 꼬일 수밖에 없다. 내가 잘 키웠기 때문에 벌레도 탐을 내는 것이다.

이 밖에도 집에서 친환경 약제를 만들거나 여러 가지를 활용할 수 있다. 하지만 소량을 키우는 경우 만드는 양이나 보관이 어려워 위의 방법을 권한다.

- 커피찌꺼기나 과일껍질 또는 먹고 남은 우유 등을 화분에 뿌리는 것은 병충해를 유발할 수 있으므로 하지 않는다.

마트에서
구해서 키울 수 있는
채소

대파   밑동을 잘라 흙에 심어 2~3회 반복수확 가능하다.

양파   물을 채운 물 컵에 통째로 얹어 줄기를 길러 파 대신으로 사용 가능하다.

당근   뿌리를 잘라 물에 키우면 잎을 파슬리처럼 향을 내고 모양을 내는 용도로 사용 가능하다. 파슬리와 당근은 같은 과에 속하는 식물로 향도 비슷하다.

파프리카   반을 갈라 씨앗을 꺼내 심어 키우면 파프리카를 수확할 수 있다. 그러나 씨앗 선별 작업을 거치지 않았기 때문에 파프리카의 모양이나 색이 원하는 대로 나오지 않을 수 있다. 시중에 판매되는 파프리카 씨앗 20개들이 한 봉지 가격이 5,000원 이상이므로, 이렇게 직접 씨앗을 구해 심어보는 것도 방법이다.

토마토   반을 갈라 씨앗을 꺼내 키친타월에 비벼 씨앗 껍질에 묻은 이물질을 제거하고 흙에 심어 기른다.

고구마   물에 꽂아 고구마 순을 이용하거나 흙에 심어 고구마를 수확할 수 있다.

Tip   씨앗을 보관할 때는 바짝 말려 밀봉한 후 냉장 보관한다.

To Raise Vegetables

Part 01

새싹채소 & 어린잎채소

콩나물

콩나물 키우기

콩나물 콩은 보통의 새싹 씨앗보다 크기가 크다. 물에 불려야 싹이 트는 데 필요한 물을 충분히 흡수할 수 있다. 빛을 완전히 차단하고 키워야 머리가 샛노란 콩나물을 수확할 수 있다. 가장 중요한 것은 매일 하루 2번 이상 물로 헹구기이다. 콩을 불릴 때만 빼고 항상 물로 헹구듯이 씻어주어야 썩지 않는다. 반복 수확은 어렵다.

재료 1L 주전자, 콩나물 콩 50ml(1/4컵)

1

1L 주전자에 콩나물 콩 50ml(1/4컵)을 담아 한번 헹구고, 물에 담가 하룻밤 불린다. 12시간 이상 불리면 콩나물 콩이 상할 수 있다.

2

불린 후 물을 비우고 깨끗한 물로 불린 콩을 헹궈 뚜껑을 덮어 상온에 둔다. 수확할 때까지 매일 아침저녁으로 콩을 물로 헹군다. 만약 이 과정을 하는 중에 콩이 상했다면 주전자를 둔 공간의 온도가 높거나, 콩나물 콩이 오래되어 발아 능력이 떨어졌을 가능성이 높다.

3

1~2일 후에는 불린 콩에서 뿌리가 나오려고 볼록 튀어나오거나 흰색 뿌리가 나오기 시작한다. 뿌리털 없이 뾰족한 굵은 원뿌리만 보인다.

4

3일 후 뿌리가 더 길게 자라면서 주전자의 절반 이상이 차오른다. 역시 매일 하루 두 번 이상 물을 갈아주어야 뿌리가 갈변하는 것을 방지할 수 있다.

5

4일 이후부터 곧게 콩나물 모양이 난다. 흰색 줄기 부분이 길어지는 것이다. 줄기가 길어지는 만큼 물도 많이 필요하다.

6

5~6일 후 물을 갈아주려고 뚜껑을 열었는데 다시 닫히지 않으면, 주전자에서 콩나물을 꺼내 헹궈 사용한다.

Tip
— 물로 하루 두 번 이상 헹궈주어야 콩나물 잔뿌리가 많이 생기지 않는다. 일주일 이상 키우면 잔뿌리가 생긴다. 그런데 오히려 콩나물국을 끓일 용도라면 잔뿌리를 길러서 이용하기도 한다.
— 만약 다 사용하지 못하면 필요한 만큼만 사용하고 나머지는 주전자 채로 냉장 보관하면서 매일 물을 갈아준다. 그러면 생장은 멈추지만 콩나물은 죽지 않아 신선하게 먹을 수 있다.

콩나물을 이용한 간단요리 레시피

콩나물국

콩나물국은 물을 부은 후부터 라면을 끓인다고 생각하면 쉽게 완성할 수 있다.

재료 콩나물 1국그릇, 새우젓 1/2숟가락, 다진 마늘 1/2숟가락, 물 2컵
준비하기 콩나물을 씻어 물기를 뺀다. 씻을 때 콩나물 머리에 있는 껍질을 신경 써서 제거한다.

RECIPE

1 냄비에 기름 없이 다진 마늘과 새우젓을 넣고 중불에서 볶는다.

2 새우가 하얗게 되면 분량의 물을 붓고 센 불에서 끓인다.

3 끓으면 손질한 콩나물을 넣고 팔팔 끓기 시작한 후 5분 뒤에 불을 끈다.

콩나물밥

재료 쌀 1컵, 조갯살 1/2컵, 콩나물 1국그릇, 양념간장(간장 1숟가락, 다진 파 1/2컵, 설탕 1/2티스푼, 고춧가루 1/2티스푼)
준비하기 쌀을 물에 불리고, 콩나물을 씻어 건져둔다.

RECIPE

1 냄비에 불린 쌀을 넣고 쌀과 동량의 물을 붓는다. 그런 다음 물을 1/4컵 덜어낸다. 이것을 센 불에 올린다.

2 밥물이 끓으면 씻어 건진 조갯살과 콩나물을 얹고 뚜껑을 덮어 5분간 중불에서 익힌 다음 5분간 약불에서 익힌다. 나중에 약불에서 익히는 5분이 뜸들이는 시간이다.

3 밥이 끓을 때까지가 5분이라고 하면, 밥을 하는 시간은 총 15분이 된다. 15분이 지나면 그릇에 밥, 조갯살, 콩나물을 올리고 양념장을 곁들여 내면 완성이다.

Tip 콩나물밥은 보통 밥을 할 때보다 물을 적게 넣어야 콩나물이 익으면서 나오는 수분으로 인해 밥이 질어지는 것을 막을 수 있다. 보통 밥을 할 때에는 불린 쌀과 동량의 물로 밥을 하고, 콩나물밥을 할 때에는 건조 쌀과 동량의 물을 사용한다.

숙주나물

숙주나물 키우기

숙주나물의 씨앗은 바로 녹두이다. 팥(적두)과 비슷한 크기다. 콩나물 키우기와 동일한 방법으로 한다. 매일 하루 2번 이상 물로 헹구는 과정을 소홀히 하면 줄기가 가늘고 잔뿌리가 상대적으로 많이 나온다. 이는 뿌리 스스로 물이 있는 곳을 찾아가려고 하는 특징 때문이다. 물이 부족하면 잘 자라지 않으니 물 관리를 신경 쓴다.

재료 1L 주전자, 통 녹두 1/4컵

1

1L 주전자에 녹두 50ml(1/4컵)을 담아 한 번 헹구고, 물에 담가 하룻밤 불린다. 12시간 이상 불리면 녹두가 상할 수 있다.

2

물에 불어 녹두가 2배 정도 커지면, 불린 물은 비워내고 깨끗한 물로 불린 녹두를 헹궈 뚜껑을 덮어 상온에 둔다. 수확할 때까지 매일 아침저녁으로 녹두를 깨끗한 물로 헹군다.

3

1~2일 후에는 하얀 뿌리가 나오기 시작한다. 역시 매일 하루 두 번 이상 물로 헹궈준다.

4

3일 후 뿌리가 더 길게 자라고 주전자의 절반 이상이 차오른다. 이때도 매일 하루 두 번 이상 물을 갈아주어 뿌리가 갈변하는 것을 방지한다.

5

4일쯤 지나면 곧게 자란다. 경우에 따라 숙주나물 머리 부위에서 본잎이 뾰족하게 나오기도 한다.

6

5~6일 후 물을 갈아주려고 뚜껑을 열었는데 다시 닫히지 않으면, 주전자에서 숙주나물을 꺼내 씻어 먹는다. 숙주나물의 수확 시기는 길이가 손가락 한 마디 이상이 되면 언제든 좋다.

Tip

— 숙주나물을 기르는 용기는 햇빛을 차단하고 물을 갈아주기 편리하면 어떤 것이든 상관없다. 헹구고 나서는 주전자에 물이 잠겨 있지 않도록 싹 비운다.

— 완전히 자라지 않아도 손가락 한 마디 이상의 길이로 자랐다면 언제든지 먹어도 된다. 콩나물처럼 비린내가 나지 않으므로 생으로 먹어도 맛있다.

— 개인적으로는 손가락 한 마디에서 두 마디 길이 사이일 때가 가장 맛있었다. 그러나 잔뿌리가 많이 나오면 맛과 모양이 좋지 않으므로 일주일 이상 기르지 않는 것이 좋다.

숙주나물을 이용한 간단요리 레시피

국물쌀국수

재료 숙주나물 1밥그릇, 폭 5mm의 쌀국수 1/3봉지, 샤브샤브용 소고기 100g, 물 3컵, 해선장 소스, 호이신 소스, 레몬 1/8개, 청양고추 2조각, 포플레이버
(해선장과 호이신 소스는 고기를 찍어먹는 용도)

준비하기 숙주나물을 씻어 체에 밭쳐 물기를 뺀다.

RECIPE

1 찬물에 30분 이상 쌀국수를 불린다.

2 쌀국수를 완성해서 담을 그릇 2개만큼의 물을 준비한다.

3 냄비에 완성 그릇 2개만큼의 물을 붓고 끓이다가 고기를 넣어 샤브샤브 하듯 색이 변하면 바로 꺼낸다. 모든 고기를 이렇게 익혀야 부드럽게 먹을 수 있다. 고기를 모두 익힌 후에 포플레이버를 넣고 향을 낸 후 완성 그릇에 불린 쌀국수, 숙주나물, 고기 순서대로 담는다. 그런 다음 체에 국물을 밭쳐 완성한다.

Tip 이 과정이 복잡하다면 시중에 판매되는 쌀국수 소스를 구입하여 제품 포장에 적힌 대로 물에 희석하여 조리한다.

볶음쌀국수

재료 숙주나물 1밥그릇, 쌀국수 10mm 1/3봉지, 바지락 또는 조개 1컵, 새우 5마리, 소주 1/4컵, 해선장 소스 1/2숟가락, 호이신 소스 1/2숟가락, 마늘 3톨, 땅콩 부순 것 1숟가락

준비하기 숙주나물을 헹궈 체에 밭쳐 물기를 뺀다. 그리고 새우는 머리와 껍질을 제거한다. 새우 머리는 버리지 말고 볶을 때 이용한다.

Recipe

1 쌀국수 면을 찬물에 30분 이상 불린다.

2 조개를 서로 비벼 껍질에 불순물이 남지 않도록 씻는다. 마늘은 얇게 썬다. 팬에 오일을 두르고 손질한 조개, 새우, 마늘을 넣고 중불에서 볶다가 노릇노릇해지면 새우, 마늘을 다른 그릇에 꺼내두어 과하게 익지 않도록 한다. 조개는 소주 1/4컵을 넣고 뚜껑을 덮어 뽀얀 국물이 살짝 배어나오도록 익힌다.

3 뚜껑을 열어보아 조개가 모두 입을 벌렸으면, 불린 쌀국수와 숙주나물 그리고 분량의 소스를 넣고 섞으며 볶는다. 전체적으로 섞이면 숙주나물의 숨이 죽을 정도로만 약 1분 정도 센 불에서 볶다가 접시에 담아낸다. 땅콩 부순 것을 곁들여 먹는다.

무순

무순 키우기

씨앗이 통후추 알 정도로 커서 다루기 편하고, 채소들 중에서는 손꼽힐 정도로 싹이 빨리 나고 자란다. 무순 키우기는 웬만해서는 실패하기 어렵기 때문에 누구나 겁 없이 도전해볼 만하다. 빛이 적거나 없어도 잘 자라며, 빛을 차단하고 키우면 샛노란 무순을 수확할 수 있다. 적색 무순 씨앗의 경우 빛 없이 키우면 분홍색 또는 자주색으로 자란다.

재료 화분, 흙(원예용 상토), 무순 씨앗 1/2티스푼

1

화분에 흙을 80% 정도 담고, 씨앗을 흙 표면에 고르게 흩뿌린다. 씨앗의 양은 지름 7cm 화분에 1/2티스푼 정도가 적당하다. 그런 다음 손가락 반 마디만큼의 깊이로 씨앗을 뿌린 후 흙을 고르게 섞는다. 화분 구멍이 새끼손가락 크기라면 구멍을 따로 막지 않아도 된다. 그보다 크다면 망을 한 겹 깔고 흙을 담아야 흙이 흐르지 않는다.

2

화분이 들어갈 만한 용기에 물을 붓고 화분 아래서 물을 흡수하도록 한다(물은 수확할 때까지 부족하지 않도록 항상 채운다). 화분 바닥부터 흙 표면까지 물이 촉촉하게 젖어야 발아가 잘 된다. 여기에 투명한 랩을 덮어 보습을 한다.

3

무순의 씨앗은 발아가 빨라 하룻밤 정도면 흙 속에서 씨앗 껍질이 갈라지고 뿌리가 나오기 시작한다. 하루 정도 지나면 그림처럼 뿌리가 나는데, 아직 흙 속이라 보이지 않을 수 있다. 랩은 싹이 화분 표면 높이까지 자라 스스로 들고 일어나면 벗겨낸다.

4

무순은 자라면서 처음에는 떡잎이 줄기와 직각을 이루며 구부러져 있는데 점점 고개를 들며 떡잎이 펼쳐진다.

5

빛의 양이 적은 편이라면 줄기가 길어지고, 빛이 충분하다면 줄기가 거의 자라지 않아 짧을 것이다. 그림은 빛이 거의 없는 환경에서 자란 무순이다. 새싹의 경우 흙에 심었을 때 길이가 긴 것이 수확하고 먹기에 편할 수도 있다.

6

떡잎이 나온 이후로는 언제든지 수확할 수 있다. 적당한 길이는 정해져 있지 않으나 손가락 두 마디 정도로 자라면 수확해서 먹기 좋다.

무순을 이용한 간단요리 레시피

마끼

재료 단촛물, 밥 1그릇, 김 큰 것 2장, 무순 1/2컵, 날치알 2숟가락
단촛물 재료 식초 1/2컵, 설탕 2숟가락, 소금 1/4숟가락, 다시마 손바닥 깐만한 것 1장
준비하기 무순을 씻어 체에 밭쳐 물기를 뺀다.

RECIPE

1 단촛물 재료를 모두 넣고 랩을 씌워 전자레인지에서 30초 정도 돌려 설탕과 식초를 녹인다. 그런 다음 밥에 단촛물을 붓고 섞는다.

2 큰 김을 길이로 반을 잘라 한쪽 끝을 삼각형으로 접는다.

3 접은 김을 펴서 밥→무순→날치알 순서로 올리고 접은 선을 기준으로 김을 돌돌 만다.

Tip 마끼나 초밥용 밥은 평소보다 꼬들꼬들하게 해야 단촛물을 섞어도 질척이지 않는다. 단촛물은 한 번에 다 넣지 말고 두어 번에 나누어 넣고, 맛을 보면서 섞는다.

훈제연어 롤

재료 훈제연어 10조각, 무순 1컵, 유자드레싱(유자청 1숟가락, 레몬즙 1숟가락, 올리브오일 1숟가락)
준비하기 무순을 헹궈 체에 밭쳐 물기를 뺀다.

RECIPE

1 도마에 훈제연어를 올리고 무순을 10가닥 정도 올린다.

2 무순의 잎이 있는 쪽부터 시작하여 반대쪽 끝까지 돌돌 만다. 드레싱 재료를 모두 섞어 접시에 담아낸다. 드레싱은 먹기 직전에 뿌린다.

새싹 적양배추

새싹 적양배추 키우기

씨앗의 크기는 겨자씨만 하다. 발아가 무순이나 알팔파보다 느린 편이라 씨앗을 불리면서 상하지 않도록 신경을 써야 한다. 그 시간은 12시간을 넘기지 않아야 썩지 않는다. 또한 상대적으로 싹트는 것이 더뎌서 물을 갈 때 상한 냄새가 나지는 않는지 매번 확인해야 한다. 키우기가 쉽지 않은 편이며 반복 수확은 어렵다.

재료 폴리 망(배수구 망), 적양배추 씨앗 1숟가락

1

망에 적양배추 씨앗을 1숟가락 넣는다. 본잎이 나기 전에 먹는 종류라서 많은 양의 씨앗을 키워야 한다. 이와 달리 상추, 치커리 등의 잎채소는 씨앗 한 알만 키워서 낱장의 잎을 먹는 것이다.

2

망에 담은 씨앗을 망째 물에 담가 하룻밤 불린다. 12시간 이상 물에 잠겨 있으면 씨앗이 발아하지 않고 상하기 시작한다. 사실 발아를 위한 수분은 쌀 불리듯 1~2시간 물에 불려도 충분하다.

3

불린 후에는 깨끗한 물에 한 번 헹궈 용기에 담아둔다. 물이 고여 있으면 부패의 원인이 될 수 있으니 용기를 기울여 고인 물을 따라낸다. 매일 아침저녁으로 하루 두 번 헹구어 물을 공급한다. 헹구기만 해도 자라는 데 충분한 수분이 공급된다. 하루~이틀 정도 지나면 씨앗 껍질이 갈라지며 노란색 싹이 돋기 시작한다.

4

씨앗 껍질이 갈라진 틈에서 뿌리가 나오기 시작한다. 굵은 뿌리에 가는 잔뿌리가 함께 나오는데, 마치 부패한 듯 하얀 솜처럼 생겨서 상했다고 오해하는 경우가 많다. 자세히 보면 아주 가는 실처럼 일정한 길이로 자라 있을 것이다.

5

3~4일 정도 지나면 뿌리가 망 바깥으로 자란다. 적양배추 싹이 자라면서 점점 망이 부풀어 오른다. 그리고 줄기의 색이 점차 보라색으로 물들어가다 본래의 적색을 내기 시작하므로 자연스러운 현상으로 받아들이면 된다.

6
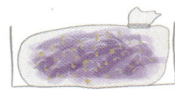
씨앗을 불려 재배한 지 일주일 정도 지나면 망을 열어 적양배추 새싹을 수확한다. 수확한다는 것은 망에서 꺼내 물에 헹군다(씻는다)는 뜻이다.

Tip
— 불리는 처음 하룻밤만 씨앗을 물에 담가놓고, 그 이후에는 수확할 때까지 헹구어 물이 없는 용기에 얹어두기를 반복한다. 물에 오래 잠겨 있으면 씨앗이 부패하기 때문이다.
— 만약 3일 이상 지나도 싹이 나지 않는다면 냄새를 맡아본다. 상한 냄새가 나면 발아에 실패한 것이므로 씨앗을 버리고 새로 시작한다. 만약 상한 냄새가 나지 않는다면 하루 이틀 더 지켜본다.
— 줄기에 붙어 있는 떡잎의 색은 초기에는 빛을 보지 않아 노란색이다가 점차 빛에 의해 광합성을 하면서 연두색에서 초록색으로 물든다. 같은 원리로 키울 때마다 또는 키우는 사람에 따라, 빛의 양에 따라 떡잎의 색이 다를 수도 있다.

새싹 적양배추를 이용한 간단요리 레시피

타코

재료 새싹 적양배추 1컵, 소고기 다진 것 1컵, 간장 1숟가락, 설탕 1/2숟가락, 칠리소스 1숟가락, 올리브오일 1숟가락, 레몬즙 1숟가락, 아보카도 1개, 토르티야 2장, 방울토마토 1컵

준비하기 새싹을 물에 헹궈 체에 밭쳐 물기를 뺀다.

RECIPE

1 방울토마토를 4등분한다. 소고기는 분량의 간장과 설탕을 넣고 기름을 두른 팬에 볶는다.

2 아보카도를 반으로 갈라 씨를 빼고 껍질을 벗겨 토마토와 같은 크기로 자른다. 토르티야는 기름 없는 팬에서 중불로 노릇하게 구워 장마다 4등분한다.

3 큰 볼에 토마토와 아보카도를 넣고 칠리소스, 올리브오일, 레몬즙을 넣어 섞는다. 접시에 모든 재료를 담아내고, 토르티야에 각종 재료를 올려 싸먹는다.

Jar salad(자 샐러드), 유리병샐러드

재료 새싹 적양배추 1/2컵, 양파 1/4개, 스파게티 면 삶은 것 1/2컵, 유자드레싱, 방울토마토 5개, 바질 페스토 2숟가락

준비하기 스파게티 면을 삶아 올리브오일, 소금, 후추에 버무린다.

RECIPE

1 양파를 잘게 다져 찬물에 담가 매운맛을 뺀다.

2 볼에 유자드레싱 재료를 담아 섞고 방울토마토를 4등분한다.

3 유리병에 단단한 재료부터 담는다. 매운맛을 뺀 양파→유자드레싱→방울토마토→스파게티 면→바질 페스토→새싹 순서로 담아 뚜껑을 덮어 두었다가 필요할 때 꺼내 먹는다.

새싹 알팔파

새싹 알팔파 키우기

씨앗은 참깨와 색과 모양이 비슷하다. 무순처럼 재배하기 쉽고 자라는 속도가 상당히 빠르다. 대다수의 새싹채소처럼 병충해가 생기기 전인 어릴 때에 수확을 해서 먹으니 물을 잘 갈아주는 것 외에는 걱정할 것이 없다. 무엇보다 맵지 않아 어린아이들도 잘 먹는다. 직접 키워 싱싱한 것을 씻어 놓으면 줄기가 반짝거린다. 반복 수확은 어렵다.

재료 폴리 망(배수구 망), 알팔파 씨앗 1숟가락

1

망에 알팔파 씨앗을 1숟가락 넣는다. 망에 씨앗이 들어 있는 상태로 물에 하룻밤 불려 발아에 필요한 수분을 충분히 흡수시킨다. 불리기 전의 마른 씨앗은 마치 깨처럼 생겼고, 크기도 비슷하다.

2

하룻밤 불린 씨앗이 들어 있는 망을 물에서 건져 깨끗한 물로 헹군다. 알팔파는 발아가 무순만큼 빨라서 재배에 실패할 염려가 적다. 발아가 빨라 하룻밤 만에도 씨앗 껍질이 갈라지고 뿌리가 나올 준비를 한다.

3

처음 씨앗을 불리기 시작한 날부터 2일째가 되면 뿌리가 나오기 시작한다. 불린 이후에는 수확할 때까지 매일 아침저녁으로 물로 헹구어 수분을 공급한다. 물로 헹구기만 해도 재배에 필요한 수분이 공급된다.

4

돋아난 것이 뿌리이고, 뿌리와 연결된 긴 것이 줄기이다. 경계가 뚜렷하지 않으며, 구분하지 않아도 된다.

5

하루가 다르게 뿌리와 줄기가 자란다. 이때부터는 언제든지 수확해도 좋다.

6

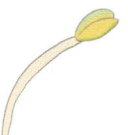

5일째가 되면 씨앗 껍질을 완전히 벗고 떡잎이 완연한 노란색을 띤다. 햇빛을 받으면 떡잎은 초록색으로 물든다. 씨앗 껍질이 벗겨지기 시작하면 수확하여 씻을 때 껍질의 분리가 더 수월하다.

Tip
— 발아하면서 씨앗 껍질이 망 안에 쌓이기 시작한다. 수확할 때까지 매일 새싹과 같이 헹구다가 수확하는 날 그릇에 물을 받아놓고 휘휘 저으면 껍질이 물 위에 떠서 쉽게 분리할 수 있다.
— 만약 씻었는데 껍질이 잘 제거되지 않는다면, 하루 이틀 더 재배하여 껍질을 제거한다. 껍질을 완전히 제거하지 않아도 먹을 만하다.

새싹 알팔파를 이용한 간단요리 레시피

새싹 소바 롤

재료 새싹 알팔파 1/2컵, 김밥용 김 1장, 메밀국수 1인분, 크랩 맛살 2줄, 와사비 1/4티스푼, 김발

준비하기 새싹을 물에 헹궈 체에 밭쳐 물기를 뺀다.

RECIPE

1 냄비에 라면 2개를 끓일 만큼의 물을 붓고, 물이 끓으면 면을 넣는다. 면을 넣고 물이 끓으면 찬물을 한 컵 넣는다. 또 다시 끓어오르면 면을 건져 찬물에 헹궈 물을 뺀다.

2 김발 위에 김을 올리고, 물방울이 떨어지지 않도록 키친타월로 둘기를 빼서 물방울이 떨어지지 않는 면을 김 위에 올린다. 김발→김→삶은 메밀국수 순서로 올린다.

3 메밀국수 위에 새싹, 크랩 맛살을 올리고, 김 끝에 와사비를 발라 김밥을 말 듯 말아 먹기 좋은 크기로 썰어 접시에 담아낸다.

새싹 월남쌈

월남쌈은 라이스페이퍼를 찬물에 적셔 각종 재료를 넣고 싸먹는다. 칼로리가 낮고 포만감이 높아 부담스럽지 않은 다이어트식 저녁식사로 이상적이다. 마음껏 먹어도 부담이 없다.

재료 새싹 알팔파 1컵, 파프리카 빨강과 노랑 각 1/2개씩, 크랩 맛살 2개, 파인애플 링 2개, 멸치액젓 1숟가락, 물 1숟가락, 라이스페이퍼 10장

RECIPE

1 파프리카를 씻어서 양쪽 끝을 잘라 길쭉하게 자를 수 있는 부분만 남긴다. 가운데 씨는 주위의 하얀 부분과 같이 칼로 잘라낸다.

2 가운데 원통형은 길이로 길게 자르고, 끝의 구부러진 부분은 사진처럼 잘라낸다.

3 새싹을 물에 헹궈 체에 밭쳐 물기를 뺀다. 파인애플은 1인치(약 2.5cm) 길이로 자르고, 크랩 맛살은 굵게 찢는다. 멸치액젓은 동량의 물에 희석하여 종지에 담아 곁들인다.

새싹 메밀

새싹 메밀 키우기

씨앗은 새끼손톱 반만 한 크기이고 두껍고 딱딱한 껍질에 쌓여 있다. 하지만 물에 잘 불고 싹도 잘 나므로 걱정할 것은 없다. 씨앗 껍질이 벗겨질 때 안에 들어 있던 잎이 장미 꽃잎처럼 돌돌 말려 있다가 풀리며 펼쳐진다. 새콤한 맛이 독특하다. 알싸한 맛의 무순, 아삭이는 알팔파를 키워 보았다면 새로운 맛에 도전해보자. 반복 수확은 어렵다.

재료 화분, 흙(원예용 상토), 통 메밀 1티스푼(수북하게)

1

화분의 80%만큼 흙을 담고 메밀 씨앗을 흙 표면에 고르게 뿌린다. 그런 다음 손가락 반 마디 깊이로 섞어 날 씨앗이 보이지 않게 한다. 씨앗을 심었으면 화분 아래 물그릇을 받쳐 흙에 물을 공급한다. 화분이 무거워지면 물그릇을 빼고 표면에 랩을 덮어 습도를 유지한다.

2

씨앗을 심고 이틀 정도 지나면 흙 속에서 촉이 돋기 시작한다. 아직 랩을 벗기지 말고 습도를 유지한다. 육묘장의 발아실에 가보면 비오는 날처럼 습도가 100%이다. 습도 100%는 물방울이 송글송글 맺히는 정도이다.

3

자라면서 흰색이나 붉은색 줄기가 길어진다. 싹이 랩을 밀어내면 벗겨준다. 랩을 벗기고부터는 매일 화분 아래 물그릇을 받쳐 물을 공급한다.

4

씨앗을 심고 일주일 정도 지나면 씨앗의 껍질이 벗겨진다. 메밀은 씨앗 껍질 안에 잎이 장미꽃처럼 도르르 말려 있다.

5

씨앗 껍질이 벗겨지면 2장의 잎이 양쪽으로 펼쳐진다. 일부 벗겨지지 않은 씨앗 껍질은 일부러 제거하다 보면 잎이 찢어질 수 있으므로 그대로 둔다.

6

씨앗 껍질이 벗겨진 이후부터는 언제든지 수확해서 이용해도 좋다. 반복수확이 어려우므로 흙 위로 바짝 잘라 먹고 흙은 버린다.

새싹 메밀을 이용한 간단요리 레시피

묵사발

시원하게 먹으면 시원한 대로, 따뜻하게 먹으면 따뜻한 대로 후루룩 술술 들어간다. 시판 냉면 육수를 써도 편하다.

2인분 재료 도토리묵 1모, 김치 1/4포기, 설탕 1티스푼, 소초 1티스푼, 새싹메밀 1줌, 조미 김가루, 통깨 한 꼬집
냉면육수 만들기 재료 멸치 5마리, 다시마 5조각, 물 1리터 식초, 설탕, 국간장 1숟가락

RECIPE

1 멸치, 다시마 그리고 물을 넣고 센 불에서 끓인다. 끓으면 중불에서 물의 양이 절반이 될 때까지 졸인다. 졸인 후 체에 받쳐 육수는 식혀 냉장 보관한다.

2 김치는 1cm 너비로 썰어 식초, 설탕에 버무린다.

3 도토리묵을 물에 한 번 헹궈 손가락 길이로 썬다. 여기까지 됐으면 냉장고에서 육수를 꺼내 식초, 설탕, 국간장을 분량대로 넣어 냉면육수를 만든다. 그릇에 묵, 새싹메밀, 쿠순 김을 올린 후 육수를 붓고, 통깨를 뿌린다.

Tip 김치는 그냥 먹었을 때 조금 새콤달콤할 정도로 버무려야 묵과 함께 먹을 때 맛있다. 김은 비닐봉지에 넣고 입구를 오므려 한쪽 손으로 잡고 다른 손으로 부수면 가루가 떨어지지 않고 깔끔하다. 봉지에 남은 김가루는 밥을 한 숟가락 넣어 주먹밥을 해 먹으면 좋다. 묵사발에 주먹밥을 곁들여도 좋다.

두 가지 색의 그린 샐러드

메밀 새싹은 줄기가 연두색인 것과 붉은색인 것 두 가지가 있다. 그중에 줄기가 붉은 것은 색이 밝고 또렷해서 샐러드에 넣으면 좋다.

재료 깻잎 5장, 메밀새싹 10가닥, 참기름 1숟가락, 고춧가루 1/2숟가락, 소금 1꼬집, 통깨 1/2숟가락
준비하기 깻잎과 메밀 새싹을 헹궈 물을 뺀다.

RECIPE

1 완성 접시에 채소를 제외한 모든 양념 재료를 담는다.

2 양념이 어우러지게 섞는다.

3 도마에 깻잎을 돌돌 말아 가늘게 썬다. 양념이 있는 접시에 가늘게 썬 깻잎을 담고, 메밀 새싹을 손가락 두 마디 길이로 잘라 얹어 완성한다.

밀싹

밀싹 키우기

씨앗의 크기는 쌀알을 2개 붙여놓은 것 같다. 시중에 판매하는 마트용 밀을 이용해 키워도 싹이 터서 초록색 싹 부분을 수확할 수 있다. 다만 식용으로 파는 곡물은 도정 과정에서 겉면이 손상되어 싹이 트는 개수가 더 적을 수 있다. 그러나 키워서 먹는 데는 문제가 없다. 밀싹은 2~3번 반복 수확이 가능하다.

재료 화분, 흙(원예용 상토), 통밀 1티스푼(마트에 파는 통밀을 사서 키워도 싹이 잘 난다.)

1

통밀 1티스푼을 모두 물에 담가 6시간 불린다. 불리는 시간은 12시간을 넘지 않도록 한다. 물에 불리는 이유는 건조 상태의 씨앗이 물을 충분히 흡수하여 싹이 날 수 있도록 하기 위함이다.

2

밀을 불리면 크기가 건조 상태의 2배가 된다. 이제 화분에 흙을 80% 담고 불린 흙 표면에 고르게 뿌린다. 이것을 손가락으로 고르게 섞어 밀이 흙 위로 드러나지 않도록 한다.

3

약 3일 정도 지나면 흙 위로 촉이 올라온다. 처음에는 햇빛을 받기 전이라 흰색이거나 연한 노란 빛을 띈다. 씨앗이 큰 만큼 돋아난 촉도 알팔파나 적양배추보다 크다.

4

하루 이틀 햇빛이나 실내등의 빛을 받아 광합성을 하면 촉이 연두색으로 물든다.

5

씨앗(밀)을 심고 일주일 정도 지나면 줄기가 점점 길어진다. 줄기가 손가락 한 마디 이상이 되면 언제든지 수확해도 좋다.

6

밀은 자라면서 잎이 또 나온다. 밀싹은 한 번 심으면 두세 번 정도 수확해서 먹을 수 있다. 초반에 수확한 것이 제일 먹을 만하고, 점차 억세지기 때문에 수확 단계에 따라 다른 방법으로 먹는 것도 좋다.

Tip 밀이 완전히 안 보이게 깊이 섞으면 싹이 나는 것이 더디거나 싹이 나지 않을 수 있다. 그러므로 날 씨앗이 안 보일 정도로만 흙으로 덮어준다. 그런 다음 화분 아래에 물그릇을 받쳐 물을 충분히 흡수하게 한다.

밀싹을 이용한 간단요리 레시피

밀싹 주스

밀싹만으로 즙을 내면 첫맛은 설탕처럼 강한 단맛이 나고 끝 맛은 쌉싸름하다. 고소한 밀 냄새와 달달한 맛의 조화에 건강허지는 기분이다.

재료 밀싹 1/2컵, 물 1/2컵(종이컵에 밀싹과 물을 합쳐서 한 컵이 나오면 된다.)

RECIPE

1 밀싹의 줄기 부분을 잘라 흐르는 물에 씻어 남은 물기를 털어낸다. 그다음 손가락 한 마디 길이로 자른다. 섬유질이 많아서 잘게 자르거니 물을 많이 넣어야 잘 갈린다.

2 믹서에 자른 밀싹을 넣고 갈아 컵에 담아낸다.

Tip 밀싹 주스는 녹즙기에 밀싹만 넣고 갈아 마셔도 좋다. 녹즙기에 갈 경우 소주잔으로 한 컵 정도가 적당하다. 셰이크로 만든다면 밀싹 1줌, 바나나 1개, 우유 200ml를 믹서에 넣고 간다. 단 것을 넣지 않아도 바나나의 단맛으로 음료로 손색이 없다.

밀싹 떡쌈

기름을 발라 소금을 뿌려 구운 조미김을 이용하면 맛있으나, 좋은 김이 있다면 날김을 불에 살짝 구워 먹어도 맛이 좋다. 곁들이는 기름장 대신 초간장이나 유자청을 넣은 간장 등을 곁들여도 좋다.

2인분 재료 떡국 떡 또는 떡볶이 떡 1컵, 밀싹 1컵, 손바닥만 한 김 10장, 간장 1숟가락, 들기름 2숟가락, 통깨 1/4숟가락

준비하기 밀싹을 헹궈 물기를 턴다.

RECIPE

1 떡에 들기름을 1숟가락 뿌리고 잘 섞는다. 랩을 덮어 전자레인지에서 1분 정도 돌려 부드럽게 만든다.

2 김을 길이로 절반 자른다. 쌈을 쌌을 때 밀싹과 떡이 보여야 보기가 좋다.

3 간장, 기름, 깨를 종지에 담고, 큰 접시에 밀싹, 데운 떡, 김, 간장을 함께 낸다.

보리싹

보리싹 키우기

밀싹과 구분이 안 될 정도로 씨앗의 크기나 잎의 생김새가 비슷하다. 그러나 보리싹은 시판하는 곡물로는 싹이 나지 않는다. 이는 잎이 나올 부분이 도정 과정에서 손상되었기 때문이다. 보리싹은 순식간에 자라 대사가 활발해지니 키울 때 흙에 물이 마르지 않게 하는 것이 가장 중요하다. 2~3번 반복 수확이 가능하다.

재료 화분, 흙(원예용 상토), 껍질이 있는 보리 1티스푼

1

화분에 흙을 80% 정도 담고 보리를 흙 표면에 고루 뿌린다. 그런 다음 손가락 반 마디 깊이로 흙과 보리를 섞어 날보리가 보이지 않도록 한다. 흙과 보리를 섞었으면 화분 아래 물그릇을 받쳐 물을 충분히 흡수하게 한다. 30분 이상 물을 흡수하게 하면 충분히 흙이 젖어든다. 그리고 나서 화분의 위쪽 표면에 랩을 덮어 습도를 유지한다.

2

씨앗을 심은 지 이틀쯤 지나면 흙 속에서는 촉이 돋기 시작한다. 아직 랩을 벗기지 않고 습기를 유지하도록 그대로 둔다.

3

씨앗을 심은 지 4~5일쯤 지나면 줄기가 길어진다. 그러는 동안 보리 껍질이 벗겨지기도 한다.

4

씨앗을 심은 지 일주일 이상이 지나면 보리 껍질도 거의 다 벗겨지고 잎이 초록색으로 물든다. 이때부터는 언제든지 수확해도 좋다.

5

흙 표면에서 손가락 두 마디 정도 여유를 두고 가위로 잘라낸다. 갈라져서 잎이 나오기 시작하는 생장점까지 잘라버리면 반복수확이 어렵다.

Tip
— 물을 충분히 흡수하면 화분이 티가 나게 무거워진다.
— 보리가 흙 속에 자체 크기의 2~3배 이상 깊이 들어가면 싹트는 것이 더디거나 어려울 수 있다.
— 화분을 완전히 막지 말고 이쑤시개로 구멍을 몇 개 뚫거나 가장자리를 5mm 정도 열어두어 공기가 통하게 한다. 그래야 썩지 않는다.

보리싹을 이용한 간단요리 레시피

보리싹 비빔국수

보리싹이 푸짐하게 올라가므로 소면의 양을 1인분보다 조금 적지 하면 적당한 포만감을 느끼며 먹을 수 있다.

재료 소면 1인분, 보리싹 1/2컵, 잘게 썬 김치 1/2컵, 고추장 1/3숟가락, 설탕 1/3숟가락, 통깨 1/3숟가락, 식초 1숟가락

준비하기 보리싹을 씻어 물기를 턴다.

RECIPE

1 냄비에 물을 올려 끓으면 면을 넣고 삶는다. 면을 넣고 한 번 끓어오르면 찬물 반 컵을 넣고 다시 끓어오르면 30초 뒤에 불에서 내려 찬물에 씻는다. 두세 번 씻어 전분기를 완전히 빼고 체에 밭쳐 물기를 뺀다

2 보리싹을 손가락 두 마디 길이로 자른다.

3 잘게 썬 김치에 소면과 보리싹을 제외한 재료를 모두 넣고 섞는다. 그런 다음 면기에 면을 담고 양념과 섞은 김치와 보리싹을 얹어 마무리한다.

보리쌀 샐러드

재료 부추(파스타 1인분 양만큼), 보리밥 3숟가락(또는 다른 곡물을 익힌 것도 좋음), 오리엔탈드레싱

준비하기 드레싱 재료를 미리 섞어둔다.

RECIPE

1 부추를 씻어 물기를 털고 손가락 두 마디 길이로 썬다.

2 팬에 오일을 두르고 보리밥을 올려 중불에서 노릇하게 굽는다. 센 불에서 구우면 금세 타버린다.

3 구우면 보리밥알의 크기가 절반으로 줄어든다. 너무 오래 구우면 딱딱해지므로 겉은 바삭하게, 속은 부드러운 정도로만 굽는다. 접시에 부추와 구운 보리밥을 담고 드레싱을 뿌려 먹는다. 드레싱은 먹기 직전에 뿌려야 보리밥의 바삭함이 유지된다.

어린잎 적근대 키우기

씨앗은 통후추와 크기가 비슷하거나 더 작고 표면이 거칠다. 보통 씨앗이 두어 개 붙어 있는 경우가 많다. 어린잎 근대와 어린잎 비트 씨앗은 전문가도 육안으로 구분이 어렵다고 한다. 잎이 나오기 시작하는 Y자로 갈라진 생장점을 두고 그 윗부분을 수확하면 2~3번 반복 수확이 가능하다. 하지만 떡잎까지 수확한 다음에는 재생이 어려우니 다시 심는 것이 낫다.

재료 화분, 흙(원예용 상토), 어린잎 적근대 씨앗 1티스푼(수북하게)

1

화분에 상토를 80% 정도 채우고 씨앗 굵기만큼의 깊이로 씨앗을 심는다. 그런 다음 화분 아래서 물을 공급하여 흙이 촉촉하게 젖도록 한다. 흙이 전부 흠뻑 젖어야 발아가 잘 된다. 물 먹인 화분에 랩이나 봉지를 씌워 수분을 유지한다.

2

싹이 트면서 돋아난 싹이 랩을 밀어내면 걷어낸다. 근대는 씨앗이 두어 개씩 붙어 있는 경우가 많아 여러 개의 싹이 몰아서 날 수 있다. 비트도 마찬가지이다.

3

씨앗 껍질이 벗겨지면서 떡잎이 펼쳐진다. 이때 일부 싹은 씨앗 껍질이 완전히 벗겨지지 않고 남아 있을 수 있는데, 자라면서 자연스럽게 벗겨지므로 일부러 제거하지 않는다. 괜히 제거하다가 잎이 찢어질 수 있다.

4

일주일쯤 지나면 본잎이 나오기 시작한다. 처음에는 작고 뾰족하지만 두세 번째 본잎부터는 비트 잎의 모양을 띠기 시작한다. 적근대나 비트의 경우 다른 채소작물들보다 자라는 속도가 느린 편이다.

5

본잎은 떡잎과는 다른 모양이다. 본잎은 붉은색 잎맥이 눈에 띄며, 어릴 때에는 적근대와 적비트를 육안으로 구분하기 매우 어렵다. 따라서 둘 중 어떤 것을 선택해서 키워도 같은 용도로 쓸 수 있다.

6

원하는 크기로 자라면 통째로 수확해서 이용한다. 반복수확을 하려면 본잎을 낱장으로 수확하고, 어린잎 화분이 여러 개라면 통째로 수확하는 것이 편하다.

Tip 페트병을 잘라 화분을 만들거나 바닥의 물구멍이 작은 화분을 이용하면 망으로 화분 구멍을 막지 않아도 된다. 그리고 물을 화분 아래에서 흡수하게 하면 흙이 줄줄 새지 않는다. 미생물에 의한 오염을 방지하거나 위에서 물을 주어 흙이 튀는 것을 방지하기 위해서라도 물은 화분 아래에서 주는 방법을 추천한다. 이 방법을 '저면관수'라고 한다.

어린잎 적근대를 이용한 간단요리 레시피

어린잎 적근대 무화과 샐러드

재료 무화과 2개, 양상추 3장, 어린잎 적근대 1/4컵, 오리엔탈 드레싱

RECIPE

1 무화과를 씻어 크기에 따라 4~6등분한다.

2 양상추와 어린잎 적근대를 찬물에 10분 이상 담가둔다. 채소를 건져 물기를 탈탈 턴 후 손으로 먹기 좋은 크기로 찢는다. 그런 다음 드레싱 재료를 섞어 그릇에 담아낸다.

어린잎 적근대 오믈렛

어린잎 적근대 대신 어린잎 모둠을 사용해도 좋다. 달걀의 쿠드러움에 탱글탱글한 마카로니 그리고 신선한 채소의 조합으로 든든한 한 끼 식사가 될 수 있다.

재료 어린잎 적근대 또는 어린잎 비트 1/2컵, 토마토 소스 1/2컵, 마카로니 1/4컵, 달걀 2개, 슬라이스 치즈 1장, 소금 한 꼬집
준비하기 어린잎 적근대를 물에 헹궈 체에 밭쳐 물기를 뺀다. 마카로니를 삶아 건져 물기를 뺀다.

RECIPE

1 컵이나 볼에 달걀을 푼다. 이때 소금 한 꼬집을 넣어 밑간을 한다.

2 팬에 오일을 두르고 풀어놓은 달걀을 붓는다. 불은 약하게 유지하며, 젓가락으로 바닥을 긁어가며 섞어 바닥만 과하게 익지 않도록 한다. 한눈을 팔면 계란이 금세 익어버려서 퍽퍽해진다.

3 달걀이 물처럼 흐르지 않게 되면 슬라이스 치즈, 삶아놓은 마카로니, 어린잎 채소 순서로 올려 반으로 접는다. 접으면서 채소와 마카로니가 흘러나온 채로 접시에 담아도 먹음직스럽게 보인다. 재빨리 접시에 옮겨 담는 것이 중요하다. 그 위에 분량의 토마토소스를 전자레인지에 데워 부어 먹는다.

어린잎 비타민채(다채)

어린잎 비타민채(다채) 키우기

씨앗의 크기는 들깨보다 작다. 어린잎채소 중 본잎이 2~3장 나올 때까지 키워 먹기 좋은 종류이다. 어린잎채소 역시 새싹채소처럼 약 일주일 정도의 재배 기간 후 수확하므로 병충해를 걱정할 필요가 없다. 다만 부피감 있게 키우려면 재배 기간이 3주 가까이 되므로 병충해가 생길 수 있다. 낱장으로 반복 수확이 가능하다.

재료 화분, 흙(원예용 상토), 비타민채(다채) 씨앗 1/2티스푼

1

화분의 80%만큼 흙(원예용 상토)을 담고, 흙 표면에 씨앗을 고르게 뿌린다. 그런 다음 손가락 반 마디 깊이로 고르게 섞어 날 씨앗이 보이지 않도록 한다. 씨앗을 섞었으면 화분 아래에 물그릇을 받쳐 흙 전체에 물이 스며들게 하고, 랩을 덮어 흙의 습도를 유지한다.

2

씨앗을 심고 이틀 정도 지나면 흙 속에서 뿌리가 나오기 시작한다. 비타민채(다채)의 뿌리는 잔뿌리가 많아서 솜털처럼 보이기도 한다. 이는 일부 흙 위에 드러나 있는 씨앗에서도 볼 수 있는데, 잘 보면 곰팡이가 아니고 물을 더 잘 흡수하기 위해 발달한 뿌리다.

3

씨앗을 심고 일주일 안에 떡잎이 나온다. 몇몇 새싹은 씨앗 껍질을 달고 있기도 한데. 일부러 벗기지 말고 자연스럽게 떨어지도록 둔다.

4

떡잎이 나오고 잠시 자라는 것이 멈춘 것 같다가 하루 이틀 정도 더 지나면 본잎이 나오기 시작한다. 본잎은 처음에는 비타민채(다채) 같지 않다.

5

씨앗을 심고 열흘 정도 지나면 대부분 본잎이 나오지만, 발아가 늦은 일부는 더 오래 걸릴 수도 있다.

6

본잎이 나온 이후에는 언제든지 수확해도 좋다. 떡잎까지 바짝 잘라 이용한다. 화분 아래 물그릇을 받쳐 물을 주면, 흙이 잎까지 튀는 것을 방지할 수 있어 씻어 먹는 과정이 간소해진다.

Tip 잎이 난 후 랩을 스스로 밀고 올라오면 벗기도록 한다. 물은 랩을 벗긴 이후부터 매일 화분 아래 물그릇을 받쳐서 준다.

어린잎 비타민채(다채)를 이용한 간단요리 레시피

어린잎 리코타 치즈 샐러드

생크림을 넣지 않고 우유만으로 만드는 리코타 치즈 레시피다. 집에서 생크림까지 넣으면 양이 많아지고 남은 생크림 처리가 번거로울 수 있어서 우유만으로 만드는 이 레시피를 추천한다.

재료 어린잎채소 밥그릇 1개 분량, 우유 1L, 식초 1/4컵, 소금 1/2 숟가락, 발사믹 글레이즈 소스, 올리브오일 1/4컵, 거름망 또는 아주 고운 체, 식빵 1조각
준비하기 어린잎채소를 수확해서 헹궈 체에 받쳐 물기를 뺀다. 채소 탈수기를 사용한다면 어린잎채소가 상하지 않도록 살살 돌리도록 한다.

RECIPE

1 냄비에 우유를 붓고 중불에서 끓인다. 중간에 나무주걱으로 바닥까지 저어 눌러 붙지 않도록 신경을 쓴다. 만약 센 불에서 끓인다면 갑자기 끓어 넘칠 수 있으므로 우유를 끓이는 동안은 자리를 뜨지 말고 끝까지 지켜보는 것이 좋다. 우유가 기포를 내며 끓기 시작하면 분량의 소금, 식초 순서대로 넣는다.

2 우유를 끓여 식힌 것을 망에 붓는다. 이렇게 만들어진 하얀 것이 리코타 치즈다. 망에 담은 치즈가 식어 미지근해지면 손으로 살짝 눌러 유청을 빼고 원하는 정도의 뻑뻑함을 만든다. 유청이 적게 빠질수록 부드럽다.

3 씻어놓은 어린잎채소를 접시에 펼쳐 담고, 그 위에 리코타 치즈를 듬성듬성 떼어 올린다. 프라이 팬에 기름 없이 식빵을 올려 약불에서 노릇하게 앞뒤로 구운 후 4등분해서 접시에 올린다. 접시에 어린잎, 치즈 그리고 식빵을 올리고 발사믹 글레이즈(발사믹 소스), 올리브오일을 지그재그로 뿌린다.

Tip 만약 식초를 먼저 넣고 소금을 넣으면 우유의 단백질이 응고되어 고르게 간이 되지 않으니 순서를 꼭 지킨다. 식초까지 넣고 나면 다시 끓기 시작할 때 맑은 누런 물이 나오는데, 이 것을 유청이라고 한다. 유청이 분리되기 시작하면 약 3분 정도 끓인 후 불을 끈다.

어린잎 비타민채(다채)를 이용한 간단요리 레시피

어린잎 수란 브런치

물이 들어 있는 밥그릇에 달걀껍질을 깨서 넣고 짧게 돌리면 노른자가 흐르는 부드러운 수란을 만들 수 있다.

2인분 재료 어린잎 비타민채(다채) 1컵, 달걀 1개, 오리엔탈 드레싱 재료
준비하기 어린잎채소를 헹궈 체에 밭쳐 물기를 뺀다.

RECIPE

1 밥그릇에 절반 정도 물을 담고 상온의 달걀을 깨서 넣는다. 이 상태로 전자레인지에서 1분 돌린다.

2 1분 후 꺼내서 상태를 보고 다시 1분을 추가로 돌리면 사진처럼 달걀이 흰자는 익고 노른자는 겉만 익은 상태가 된다.

3 어린잎 비타민채는 낱장으로 떼고, 오리엔탈 드레싱 재료는 작은 볼에 모두 넣고 섞는다. 접시에 손질한 비타민채, 수란을 올리고 익힌 채소나 곁들이기 좋은 것을 올려 드레싱과 함께 담아낸다.

Tip 전자레인지의 성능에 따라 다르지만 합해서 2분 전후의 시간이면 달걀이 익는다. 그런데 2분을 한 번에 다 돌리면 달걀이 퍽퍽할 정도로 많이 익을 수 있으니 나누어 돌리도록 한다.

vitamin

새싹 완두

새싹 완두 키우기

씨앗이 초록색이 아니라면 약으로 소독 또는 코팅이 되었을 수 있으니 어린잎으로는 먹지 않도록 한다. 어린잎씨앗이라고 판매하는 것은 안심하고 키워도 된다. 완두 싹에서는 날콩 냄새가 난다. 잎 1~2장과 덩굴손을 함께 잘라 먹는다. 자라는 동안 반복 수확하기 좋다. 그러나 자랄수록 점점 질겨지니 어릴 때 먹어야 부드럽다. 키우다가 수확을 더디게 하면 하얀 꽃이 피고 콩깍지도 달린다.

재료 화분, 흙(원예용 상토), 완두 3알

1

화분에 흙을 80% 정도 담고 완두씨앗(완두, 완두콩)을 씨앗 굵기만큼의 깊이로 심는다. 그런 다음 주위의 흙으로 씨앗을 덮고 물을 흠뻑 준다. 흙이 촉촉하게 젖었으면 숨구멍을 두고 랩을 덮어 싹이 날 때까지 따뜻한 실내에 둔다.

2

반나절 이상 지나면 흙 속에서 완두가 주위의 물을 흡수해서 두 배 크기로 통통하게 부푼다. 완두는 빠르면 하루 만에도 뿌리가 될 촉이 돋아난다.

3

약 일주일이 지나면 흙 속에서 싹이 돋아난다. 처음에는 햇빛을 못 봐서 연한 노란색이지만 점차 초록색으로 물든다. 싹이 난 반대쪽에는 뿌리가 흙 속으로 자라고 있다. 이때 우량한 하나만 남기고 두 개는 뽑아버린다. 그래야 공간이 넉넉하여 크게 자랄 수 있다.

4

씨앗을 심고 약 2주쯤 되면 덩굴손과 잎이 교대로 나면서 완두의 잎 모양이 완연히 드러난다. 이때부터 덩굴손을 잘라서 음식 장식으로 써도 좋다.

5

덩굴손이 나오기 시작하면 하루가 다르게 수확할 부분이 생긴다. 보통은 한 달 이내에 이런 모습이 된다. 이때부터는 줄기와 잎을 일부 잘라 먹으면 된다. 만약 통으로 수확한다면 더 많은 완두를 한꺼번에 심어 키우면 된다.

6

반복하여 수확하려면 자랄 부분을 남겨놓고 새로 나온 잎과 덩굴손을 잘라 이용한다. 두부 요리 위에 올리거나 음식 위에 조금씩 올려 먹어도 좋다.

Tip 물살이 세면 씨앗이 흙 위로 드러나거나 물과 함께 바깥으로 빠질 염려가 있으므로, 아래에 물그릇에 두어 물을 흠뻑 흡수하게 하거나 위에서 분무기로 살살 뿌려 충분히 물을 준다.

새 싹 완 두 를 이 용 한 간 단 요 리 레 시 피

밥 샐러드

2인분 재료 흑미(찰흑미) 1컵, 오렌지 2개, 완두 1/2컵(아몬드 슬라이스로 대체 가능), 어린잎완두 1컵
양념 재료 올리브유 4숟가락, 후추 한 꼬집, 소금 한 꼬집, 레몬즙 1숟가락(생략 가능)

RECIPE

1 볼에 식힌 밥을 담고 올리브유 4숟가락을 뿌린다. 오렌지 두 개는 과육 부분을 살 뜨기 해서 볼에 담는다.

2 남은 속껍질은 손으로 즙을 짜 밥 위에 뿌린다(남은 오렌지는 버리지 말고 속껍질째 그대로 먹어도 맛있다).

3 완두를 그릇에 담고 물을 반 컵 넣는다. 그대로 랩을 씌우 전자레인지에 1분 동안 익힌다. 재료가 담긴 볼에 익힌 완두와 나머지 재료를 모두 넣고 섞어서 완성한다.

Tip
— 시중에 판매하는 즉석 흑미밥이나 현미밥을 이용해도 좋다.
— 고슬고슬한 샐러드용 흑미밥을 지으려면 평소보다 물을 적게 잡는다. 흑미 1컵이라면 물은 1컵보다 적게, 흑미 1컵 반이라면 물은 1컵 분량으로 한다.

그린 샐러드

2인분 재료 자몽 1개, 캐슈너트 또는 땅콩 1숟가락, 어린잎 완두 1/2컵
오리엔탈 드레싱 재료 간장 3티스푼, 설탕 3티스푼, 식초 3티스푼, 통깨 1티스푼, 참기름 또는 오일류 3티스푼, 물 3숟가락

RECIPE

1 자몽을 살 뜨기 하고 어린잎 완두는 헹궈 물기를 뺀다.

2 어린잎 완두는 듬성듬성 손으로 뜯는다. 작은 볼에 손질한 '자몽→어린잎→캐슈너트'를 순서대로 올린다.

3 드레싱 재료를 모두 섞어 그릇에 담아낸다. 드레싱에는 물을 섞어야 짜지 않게 먹을 수 있다. 그러나 바로 먹지 않고 보관하여 먹을 예정이라면 먹을 때마다 조금씩 덜어서 물을 섞도록 한다.

Tip 살 뜨기 하고 남은 자몽의 껍질과 일부 과육은 믹서에 듬성듬성 갈아서 잼을 만들 때 유용하게 사용할 수 있다.

To Raise Vegetables

Part 02

잎채소

상추 키우기

씨앗은 길이 5mm 정도의 초승달처럼 생겼다. 마르지 않게 물만 잘 줘도 장마 전까지 풍성하게 수확할 수 있다. 일주일에 한 번 덧거름을 주면 상추 몇 포기로 삼겹살 파티를 할 수 있을 만큼 수확량이 많다. 그러나 햇빛이 부족하다면 수확량이 현저히 적어지므로 LED 조명과 타이머를 이용해 해가 뜨고 지는 시간에 맞춰 켜 주기를 추천한다.

재료 2L 페트병 화분, 통에 들어갈 만큼의 흙(원예용 상토), 상추 씨앗, 퇴비 또는 수경 재배용 양액

1

화분의 80% 정도 흙(원예용 상토)을 채운다. 그리고 상추 씨앗 3개를 씨앗 굵기만큼의 깊이로 심는다. 그런 다음 흙을 한 겹 정도 살짝 뿌린다는 생각으로 주위를 흙으로 덮어준다. 씨앗을 심었으면 화분 아래에 물그릇을 받쳐 흙 표면까지 물이 충분히 흡수되어 촉촉해지도록 한다. 랩을 덮어 습도를 유지해주면 좋다.

2

씨앗을 심은 후 2~3일 안에 떡잎이 나온다. 상추의 떡잎은 타원형이다. 무나 브로콜리 또는 배추 등의 하트 모양이나 클로버 모양과는 다르다. 이때부터는 모든 채소가 그렇듯이 햇빛을 최대한 많이 받을 수 있는 곳에 둔다.

3

떡잎이 나온 이후에 셋 중 우량한 것 하나만 남기고 나머지는 제거한다. 그래야 상추가 튼튼하게 자랄 수 있다.

4

씨앗을 심고 일주일 전후로 본잎이 나온다. 참고로 덧거름은 떡잎이 나온 이후부터 주는 것이 좋다. 이미 씨앗에는 떡잎을 키워낼 만큼의 양분이 들어 있다.

5

씨앗을 심고 3주 이상이 지나면 경우에 따라서 떡잎이 시들어 떨어지기도 한다. 떡잎은 자연스럽게 떨어지는 것이니 누렇게 변하면서 죽는다고 놀라지 말자. 이제 점점 상추의 모습을 띤다. 평평했던 잎이 오글오글하게 모양이 잡히고, 적상추는 붉은 물이 들어간다.

6

본잎이 5장 이상이 되면 언제든지 낱장으로 수확해도 좋다. 낱장으로 수확한다면 잎자루를 잡고 가장 바깥쪽 잎부터 한 번에 1장씩 줄기가 찢기거나 부러지지 않도록 아래로 눌러 젖힌다. 보통은 한 손으로 줄기를, 또 한 손으로는 잎자루를 잡고 수확하면 편하다.

Tip
— 수확할 때까지 물은 흙 표면이 마를 때 화분 구멍으로 물이 빠져 나오도록 충분히 준다. 이때 표면과 함께 속까지 모두 마르면 죽는다.
— 너무 깊으면 발아가 늦거나 잘 안 될 수 있다.
— 아깝다고 셋 다 키우다가 하나도 제대로 못 키우게 될 수 있으니 욕심내지 말자. 아니면 셋 다 키워본 후 자신에게 맞는 방법을 선택하는 것도 나쁘지 않다. 해봐야 이유를 알 수 있다.
— 청색 상추는 빛을 많이 볼수록 어느 정도까지는 초록이 진해지고, 적상추의 경우에는 빛을 많이 볼수록 적색이 진해진다.

상추를 이용한 간단요리 레시피

상추-김-낫또 카나페

요리라고 할 수 없을 정도로 간단하지만 맛있고 신선하다. 낫또를 좋아한다면 먹어볼 만하다. 들기름의 향이 김과 낫또 그리고 상추 모두에 어울리고, 상추의 아삭함이 낫또의 끈적임을 약간은 상쇄시켜 준다.

재료 김(조미김이나 생김 무관) 3장, 상추 1장, 낫또 작은 것 1팩, 들기름 3숟가락
준비하기 상추를 씻어 물기를 턴다.

RECIPE

1 접시에 김→상추 순서로 올린다. 상추는 3등분해서 1장쓰 사용한다.

2 시판 낫또를 열어 들어 있는 간장, 겨자 소스를 넣고 잘 비빈다. 실처럼 끈이 생기도록 저으면 된다.

3 김-상추 위에 낫또를 듬뿍 얹고 들기름을 뿌려서 먹는다.

우렁이 쌈장과 상추쌈밥

재료 상추 12장, 두부 반 모, 양파 1개, 우렁이 살 1/2컵, 멸치육수 1/2컵(다시마 1조각, 멸치 5마리), 밥 2그릇
준비하기 상추를 씻어 체에 밭쳐 물기를 뺀다. 우렁이 살도 역시 물게 한 번 헹군다.

RECIPE

1 냄비에 물 2컵을 붓고 다시마와 멸치를 넣어 중불에서 끓인다. 익 20분 정도 끓여 뽀얗게 되면 불을 끄고 체에 걸러 육수만 남긴다.

2 우렁이는 엄지손톱만 한 크기로 자르고 양파는 다진다.

3 상추와 밥을 제외하고 손질한 재료를 모두 넣고 양파가 투명해질 때까지 중불에서 약 10분 정도 볶듯이 익힌다. 물이 많아 볶듯이 되질 않는다면 센 불에서 수분을 날려준다. 이렇게 만든 우렁이 쌈장을 그릇에 담는다. 상추 꼭지 쪽 1/3을 접어 밥을 등그랗게 뭉쳐 담고 그릇에 원형으로 담아내어 완성한다.

치커리

치커리 키우기

씨앗은 참깨가 각진 것 같은 모양과 크기이다. 고기 먹을 때 무침으로 자주 쓰는 채소이다. 추위에 강한 편이라 쌈채소 중에서 상추와 함께 가장 먼저 나온다. 치커리를 상추 옆에 심었다가 함께 수확하면 쌈밥에 제격이다. 꽃대가 올라오면 먹기 거북할 정도로 맛이 없으니 새로 심기를 추천한다. 낱장으로 뜯으면 반복 수확이 가능하다.

재료 2L 페트병 화분, 통에 들어갈 만큼의 흙(원예용 상토), 치커리 씨앗, 퇴비 또는 수경 재배용 양액

1

화분의 80%만큼 흙(원예용 상토)을 채운 다음, 치커리 씨앗을 씨앗 굵기만큼의 깊이로 손가락이나 막대기로 홈을 파서 넣는다. 주위의 흙으로 씨앗을 덮어 평평하게 하고 분무기로 흠뻑 물을 주어 화분의 흙이 물을 충분히 흡수하도록 한다.

2

신선한 씨앗을 심은 화분은 이틀 정도 따뜻한 방 안에서 랩이나 비닐을 씌워두면 싹이 나는데, 뿌리가 먼저 돋아나는 것이 특징이다. 이는 대부분 채소 씨앗의 공통점이다.

3

씨앗을 심고 일주일 정도 지나면 떡잎이 타원형으로 2장 나온다. 흙 위로 무엇인가 나오기 시작하면 튼튼하게 자랄 수 있도록 최대한 빛을 많이 보게 해준다.

4

떡잎이 나오고 약 일주일 정도 더 지나면 본잎이 삐죽하게 나온다. 새로 나오는 잎들은 처음에는 연두색이지만 빛을 볼수록 점차 초록색이 짙어진다.

5

한 달 이상 물과 덧거름을 주면서 키우면 잎의 개수가 많아지고 크기 또한 커진다. 본잎이 5장 이상 나면서부터는 언제든지 수확할 수 있고, 자주 수확할수록 잎이 더 빨리 올라온다. 그러나 덧거름을 주지 않으면 수확할 것도 적고 잘 자라지 않는다.

6

수확할 때는 잎의 낱장을 아래로 젖혀 줄기가 끊어지지 않도록 잎자루만 잘라낸다. 실처럼 가느다랗다면 수확할 때 줄기째 끊어져서 먹을 수 없게 되고, 줄기가 튼튼하면 잎의 개수 또한 많아 재생이 더 빨리 된다.

Tip
— 햇빛이 부족한 공간에서는 역시 잘 자라지 않는다. 이럴 때는 LED 전구를 켜주면 빛을 추가로 줄 수 있다. 전구를 켜줄 때는 타이머를 같이 달아서 해가 뜨고 지는 시간을 맞춰주면 식물이 자연 상태인 것처럼 착각하게 된다.
— 더 많이 수확하려면 물과 양분을 꾸준히 주고 햇빛을 최대한 확보해주는 것이 필요하다. 만약 장마철이라면 거의 자라지 않아 수확이 어려울 수 있다.

치커리를 이용한 간단요리 레시피

치커리 겉절이

겉절이는 먹을 때 바로 무쳐야 숨이 죽지 않고 아삭하게 먹을 수 있다. 버무려두면 맛이 없으니 먹기 직전에 큰 볼에 넣고 재빠르게 무쳐 신선하게 먹기를 추천한다.

2인분 재료 치커리 1/2봉지, 간장 1/2숟가락, 멸치액젓 1/2숟가락, 설탕 1/2숟가락, 고춧가루 1/2숟가락, 식초 1/2숟가락, 참기름 1/2숟가락, 통깨 1/2숟가락 (모든 재료가 절반!)
준비하기 치커리를 헹궈 물기를 뺀다. 물기를 빼지 않으면 양념이 희석되어 싱거워질 수 있다.

RECIPE

1 물기를 뺀 치커리를 손가락 두 마디 길이로 자른다.

2 겉절이를 무칠 볼에 치커리를 제외한 모든 재료를 담고 숟가락으로 고루 섞어 양념장을 만든다. 설탕과 멸치액젓이 들어가면 감칠맛이 나서 맛있다.

3 양념장 위에 손질한 치커리를 넣고 재빠르게 골고루 섞어 그릇에 담아낸다. 양념장이 그릇 아래쪽에 있으니 무칠 때 아래 있는 치커리를 위로 끌어올리면서 전체적으로 양념이 배도록 한다.

Tip 처음에는 신선한 샐러드를 버무린다는 생각으로 약간 싱겁게 무치더라도 먹다 보면 적당하다.

치커리를 이용한 간단요리 레시피

치커리 비빔밥

비빔밥은 부재료가 많으므로 밥의 양을 한 공기보다 약간 적게 한다.

1인분 재료   치커리 5장, 참치 캔 작은 것 1개, 달걀 1개, 밥 1/2그릇, 고추장 1/2숟가락, 들기름 1/2숟가락(참기름으로 대체 가능. 생략 가능)
준비하기   치커리를 씻어 물기를 뺀다.

RECIPE

1 참치 캔을 따서 기름을 절반 정도 버린 후 팬에 붓는다. 여기에 분량의 고추장을 참치에 색이 날 정도로만 넣고 볶는다. 수분이 다 날아가면 불을 끈다. 참치를 볶으면 수분이 날아가서 비빔밥이 질척해지는 것을 막을 수 있다.

2 달걀 프라이를 한다. 달걀 프라이를 할 때 뚜껑을 덮으면 더 빨리, 그리고 아랫부분이 타기 전에 흰자를 완전히 익힐 수 있다.

3 볼에 분량의 밥, 볶은 참치, 손질한 치커리 그리고 달걀 프라이를 올리고 고추장과 들기름을 넣어 완성한다.

chicory

깻잎

깻잎 키우기

깻잎은 들깨를 심어서 잎을 수확한다. 그래서 들깻잎 이라고도 한다. 볶지 않은 신선한 들깨가 있다면 흙에 엄지손톱만큼 흩뿌린 후 물을 뿌리고 랩을 덮어 두면 일주일 전후로 싹이 올라온다. 새싹으로 먹어도 향긋하다. 일주일에 한 번씩 덧거름을 주어 영양 공급을 원활히 하면 잎이 크고 많아져서 수시로 반복 수확하면서 먹을 수 있다. 다만 환경에 따라서는 상추처럼 재배하기 수월한 채소는 아닐 수 있다.

재료 2L 페트병 화분, 통에 들어갈 만큼의 흙(원예용 상토), 깻잎 씨앗, 퇴비 또는 수경 재배용 양액

1

화분에 흙을 80%만큼 담고 화분 아래에 물그릇을 받쳐 흙에 물이 충분히 흡수되도록 한다. 그런 다음 엄지손가락으로 씨앗 굵기만큼의 깊이로 눌러 씨앗을 5개를 올리고, 주위의 흙으로 씨앗을 덮는다. 화분 아래 물그릇을 받쳐 흙이 물을 충분히 흡수하게 한 후 화분을 랩으로 덮는다.

2

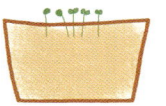

씨앗을 심고 약 일주일 전후로 떡잎이 나온 후 새싹이 랩을 밀어 올리면 벗겨낸다. 이때부터는 햇빛을 충분히 보게 한다. 깻잎은 상추보다 발아가 조금 어려우므로 5개를 키우다가 본잎이 3장 이상 나면 하나만 남기고 나머지를 제거한다.

3

깻잎의 떡잎이 나온 주변에 연속으로 잎이 추가로 나온다. 씨앗을 심고 약 한 달 정도 지나면 본잎이 계속 나오면서 점점 깻잎의 모양이 나기 시작한다.

4

또한 양분을 부지런히 주어야 수확 주기가 짧아지므로 퇴비나 수경 재배용 양액 등의 덧거름을 매주 한 번 주기적으로 주어 영양분이 부족하지 않도록 신경 쓴다.

5

본잎이 나온 이후에는 언제든지 수확해도 된다. 큰 잎을 낱장으로 수확하거나 통째로 수확해서 먹는다. 낱장으로 수확하면 반복수확이 가능하다.

6

수확할 때마다 퇴비나 수경 재배용 양액으로 양분을 추가 공급한다.

깻잎을 이용한 간단요리 레시피

깻잎튀김

요리하고 남은 깻잎을 조림으로 하기에는 양이 적고, 부침으로 하기에는 손이 많이 간다면 간단하게 부침가루만 가지고 튀김을 해보자. 칼질만 몇 번 하면 근사하고 자꾸만 손이 가는 맥주 안주로 변신한다.

2인분 재료 깻잎 10장, 부침가루 2숟가락, 소금 한 꼬집, 통깨 한 꼬집, 식용유 1컵
준비하기 깻잎을 씻어 물기를 털고 키친타월로 낱장을 두드려 물기를 온전히 없앤다. 물기를 완전히 없애지 않고 조리하면 튀기는 기름 온도가 많이 떨어져서 잘 튀겨지지 않는다.

RECIPE

1 깻잎 꼭지(잎자루)를 자르고, 폭 5mm 이내로 썬다(깻잎을 가늘게 썰 수 있으면 최대한 가늘게 썬다).

2 채는 가늘수록 빨리 튀겨낼 수 있다.

3 볼에 손질한 깻잎을 담고 분량의 부침가루를 넣어 털듯이 섞는다. 팬에 식용유를 붓고 가열하다가 부침가루를 한 꼬집 넣어 위로 뜨면 준비한 부침가루를 묻힌 깻잎을 한 젓가락씩 넣고 튀겨내 소금을 뿌려 접시에 담아낸다.

깻잎을 이용한 간단요리 레시피

깻잎 페스토

빵이나 크래커에 잼 대신 발라 먹고, 파스타를 삶아 비벼 먹어도 좋다. 번거로워도 직접 손으로 깻잎을 다지면 들어가는 오일 양을 줄일 수 있다.

2인분 재료(종지로 하나 정도의 분량) 깻잎 5장 또는 깻순 1컵, 올리브오일 1/2컵, 견과류 1/2컵, 믹서기

준비하기 견과류를 기름 없는 팬에 노릇하게 볶는다. 그러면 더욱 고소한 페스토를 만들 수 있다. 견과류를 볶을 때 불을 세게 하면 금방 타버리니 불 조절에 신경을 쓴다. 만약 이 과정이 번거롭다면 생략해도 큰 문제는 없다.

RECIPE

1 깻잎 또는 깻순을 준비한다.

2 믹서에 분량의 재료를 모두 넣고 갈아준다. 너무 곱게 갈면 죽탕이 되니 입자가 보이는 정도로만 갈아준다. 다 되면 그릇에 옮겨 마무리하고, 남은 것은 밀폐용기에 보관한다. 냉장 보관하면 일주일 정도 사용이 가능하다.

Tip 깻순(깻잎을 키우면 올라오는 새순)을 구입하면 간혹 꽃대가 올라온 것을 볼 수 있는데 먹어도 문제없다. 이 꽃대가 자라면 들깨가 들어차게 되는데, 들깨가 들어찼을 때 꽃대를 꺾어 튀겨 먹으면 톡톡 터지는 것이 별미다.

perilla leaf

쑥갓

쑥갓 키우기

씨앗은 치커리와 비슷하나 약간 더 크다. 쑥갓과 쑥을 다르다는 것을 모를 수도 있다. 흔히 쑥갓은 가정이나 농장에서 재배용으로 키우고, 쑥은 야생으로 들판이나 언덕에서 자란다. 빼곡하게 심으면 병충해가 생기기 쉬우므로 통풍이 잘 되도록 하는 것이 중요하다. 일반 잎채소보다 키가 크게 자라며 반복 수확이 가능하다.

재료 2L 페트병 화분, 통에 들어갈 만큼의 흙(원예용 상토), 쑥갓 씨앗, 퇴비 또는 수경 재배용 양액

1

분에 흙을 80%만큼 담고 화분 아래에 물그릇을 받쳐 흙이 물을 충분히 흡수하게 한다. 그런 다음 엄지손가락으로 씨앗 굵기만큼의 깊이로 눌러 씨앗을 3개를 올리고 주위의 흙으로 씨앗을 덮는다.

2

씨앗을 심고 약 일주일 전후로 새싹이 랩을 밀어 올리면 벗겨낸다. 이때부터는 겉흙이 마르면 물을 흠뻑 주고 햇빛도 충분히 보게 한다.

3

떡잎이 나오고, 씨앗 껍질이 완전히 벗겨지지 않았을 때는 일부러 껍질을 벗겨내지 말고 그대로 두면 자연스럽게 떨어진다.

4

씨앗을 심고 약 열흘 전후로 떡잎이 완전히 펼쳐진다. 이 중 우량한 하나만 남기고 나머지 두 개는 제거해서 하나만 크게 키운다.

5

떡잎이 완전히 펼쳐지고 며칠 뒤에 본잎이 나오기 시작한다. 쑥갓의 본잎은 **톱니처럼 뾰족뾰족**하다. 본잎이 나온 이후에는 일주일에 한 번씩 추가 양분을 준다.

6

씨앗을 심고 약 한 달 정도 지나면 언제든지 수확해도 좋다. 먼저 나온 잎부터 수확한다. 자주 수확해서 먹어야 꽃이 올라오지 않는다.

쑥갓를 이용한 간단요리 레시피

두부김치

재료 두부 1모, 김치 1 밥그릇, 쑥갓 1 밥그릇, 김치 1 밥그릇, 설탕 ½숟가락, 볶음용 올리브오일

준비하기 쑥갓을 씻어 물기를 뺀다.

RECIPE

1 두부를 넓적한 깍두기 모양으로 잘라 끓는 물에 10분 정도 데친다.

2 데친 두부를 체에 받쳐 물기를 뺀다.

3 손가락 마디 한 개 길이로 썬 김치를 오일을 두른 팬에 넣고 볶다가 김치가 투명해지기 시작하면 분량의 설탕을 넣고 완전히 투명해질 때까지 볶아 그릇에 담아낸다.

어묵탕

실곤약과 막대 꼬지가 없으면 생략해도 무관하다.

재료 쑥갓 1컵, 어묵탕용 모둠어묵 1봉지, 실곤약 1/2컵, 멸치 10마리, 다시마 1장, 무 2cm 한 토막, 물 5컵, 어묵용 막대 꼬지 3개, 간장 1/2 숟가락, 삶은 계란 1개(생략해도 무관)

준비하기 쑥갓을 헹궈 물기를 뺀다.

RECIPE

1 어묵을 꼬지에 끼운다.

2 냄비에 멸치, 다시마 그리고 무를 넣고 물 5컵을 부어 육수를 끓인다. 센 불에서 끓기 시작하면 중불에서 육수의 양이 절반으로 줄어들 때까지 끓인다. 그리고 멸치, 다시마, 무를 모두 건져낸다. 무를 좋아한다면 건져내지 말고 어묵과 함께 먹는다. 다시백이 있다면 백에 멸치와 다시마를 넣고 끓인 후 건져낸다.

3 실곤약을 손가락 길이로 접어 한 가닥을 가지고 매듭을 묶는다. 육수에 꼬지를 만든 어묵, 곤약을 넣고 센 불에서 팔팔 끓인다. 간장으로 간을 하고 불을 끈 후 쑥갓과 삶은 계란을 올려 완성한다.

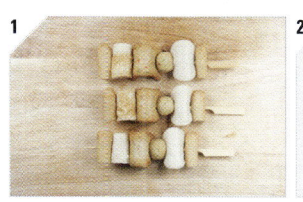

열무

열무 키우기

씨앗의 크기는 어른 새끼손톱 4분의 1정도이고 모양은 둥글다. 정상 씨앗이라면 누구나 실패하지 않고 키울 수 있을 만큼 재배가 쉽다. 무순은 이 열무의 씨앗을 키운 것이다. 만약 씨앗이 남았다면 크게 키워 열무를 수확해 보는 것도 좋다. 2주~1개월 정도 키우면 질겨지고 꽃대가 올라오니 반복 수확하기보다는 한 번에 뿌리째 뽑아서 먹는 것이 낫다.

재료 2L 페트병 화분, 통에 들어갈 만큼의 흙(원예용 상토), 열무 씨앗, 퇴비 또는 수경 재배용 양액

1

화분의 80%만큼 흙(원예용 상토)을 채운다. 화분에 흙이 골고루 채워질 수 있도록 바닥에 탁탁 쳐서 빈 공간을 없앤다. 그런 다음 씨앗 3개를 씨앗 굵기만큼의 깊이로 심고, 화분 아래에서 물을 공급하여 흙 표면까지 촉촉해지도록 한다.

2

씨앗을 심은 지 일주일 안에 싹이 나고 떡잎이 보인다. 열무는 다른 채소 씨앗들보다 싹이 빨리 나는 편이어서 이틀 만에도 흙 위에 노랗게 싹이 보일 수 있다.

3

대부분 3개의 씨앗이 모두 발아하는데, 본잎이 나오기 시작하면 이 중 가장 우량한 하나만 남기고 모두 제거한다. 제거한 것은 뿌리가 다치지 않았다면 다른 데 옮겨 심어도 된다. 하나만 키우는 이유는 공간 부족으로 인해 주위의 싹이 뿌리와 잎이 전개되는 것을 방해하기 때문이다.

4

처음 나온 본잎은 길쭉하기만 하고 열무처럼 생기지 않았다. 하지만 이후 새로 나는 잎들은 완연히 열무의 모양을 띨 것이니 걱정하지 말고 기다리자.

5

물과 덧거름을 주면서 씨앗을 심고부터 한 달 이상을 키우면 수확할 만큼 자란다. 열무는 줄기가 길어 작은 컵에는 키우기 어렵다. 좀 더 큰 화분에 많이 키우면 김치를 담글 만큼 풍성하게 자란다.

6

수확할 때는 뿌리째 뽑으면 쑥 뽑히니 통째로 뽑아 먹는다. 열무는 낱장 수확보다 통으로 수확해서 먹는 것이 깔끔하다. 또한 재배 기간도 짧기 때문에 씨앗을 자주 심어 뽑아 먹어도 금세 새로운 열무를 먹을 수 있다.

Tip

— 씨앗을 심을 때 손으로 꾹꾹 누르면 흙이 단단해져서 물을 줘도 뿌리 쪽으로 흡수되기 어려우니 자연스럽게 푹신한 상태가 되도록 한다.
— 신선한 열무 씨앗의 경우, 아침에 씨앗을 불렸을 때 밤에 씨앗 껍질이 갈라지는 것을 볼 수 있을 정도이다. 이 갈라진 틈에서 잎이 나와 흙 위로 올라올 때까지는 반나절에서 하루 정도의 시간이 더 걸리는 셈이다. 그러나 묵은 씨앗이나 보관이 잘못된 씨앗의 경우 발아가 안 될 수도 있다.
— 처음부터 한 알을 심어도 되지만, 싹이 안 날 수도 있으므로 3개 중 하나를 남기는 방법을 추천한다. 이미 싹이 난 이후에 다시 심기는 번거롭다. 씨앗 한 봉지를 구입하면 유통기한 내에 다 쓰기도 어려우니 아끼지 말자.
— 열무도 무의 일종이므로 뿌리에는 작은 무가 달려 있다. 새싹 무순은 열무를 키우는 것이다.

열무를 이용한 간단요리 레시피

열무 물김치

2인분 재료 열무 1단, 찹쌀 반 컵, 양파 1개, 소금 1/2컵, 새우젓, 마늘
준비하기 열무를 씻어 손가락 길이로 자른다.

RECIPE

1 큰 용기에 열무를 담고 소금을 골고루 뿌려 물과 함께 절인다.

2 붉은 고추, 양파는 믹서에 넣고 입자가 크게 간다.

3 열무를 1시간 정도 절인 후 건져서 모든 재료를 넣고 버무려 밀폐용기에 넣고 익힌다.

열무를 이용한 간단요리 레시피

열무김치 보리비빔밥

보리쌀만으로 밥을 한 것을 꽁보리밥이라고 한다. 꽁보리밥은 끈기가 별로 없어 버글거리지만, 그 버글거리는 꽁보리밥의 식감과 느낌이 좋다. 일반 고추장에 참기름 또는 들기름을 넉넉히 넣어 열무김치를 넣고 비벼먹는 맛은 몸도 가볍고 건강해지는 기분에 또 다시 찾게 된다.

재료 열무김치 1컵, 고추장 1/2숟가락, 참기름 1/2숟가락, 보리쌀 1컵, 물 1컵

RECIPE

1 보리쌀을 씻어 물에 불린다(보리쌀과 동량의 물은 밥을 할 때 사용하니 다른 물 이용). 30분 이상 불린 보리쌀을 내열 유리 볼에 넣고, 물은 불리기 전 보리쌀과 동량인 1컵을 부어 전자레인지에서 '5분→숟가락으로 젓기→3분→젓기→2분→젓기'를 반복하여 총 10분 동안 밥을 한다.

2 돌리고 저을 때마다 뻑뻑해지는데, 마지막에는 일반 밥과는 달리 끈기가 없는 보리밥이 완성된다. 보리 특유의 냄새가 좋다.

3 큰 대접이나 양푼에 보리밥을 넣고, 열무김치를 손가락 길이로 잘라 올리고, 참기름을 둘러 완성한다. 전자레인지에 돌린 용기에 그대로 밥을 비벼 먹으면 편리하다.

Tip
— 보리쌀 한 컵으로 밥을 하면 양이 적은 성인 두 명이 나눠먹을 분량이 된다. 또 보리밥을 반만 비벼 먹고 반은 팬에 기름을 조금 두르고 구워서 샐러드에 올리면 바삭한 것이 별미다.
— 냄비나 밥솥에 밥을 해도 좋지만, 전자레인지를 이용해 불린 보리쌀을 10분만 돌리면 밥이 완성된다. 보리밥의 물은 전자레인지, 냄비 그리고 밥솥 모두 동일하게 맞춘다. 밥을 하면 불린 쌀보다 부피가 두 배 정도 늘어나니 놀라지 말자.

얼갈이배추

얼갈이배추 키우기

씨앗은 들깨보다 약간 작고 둥글다. 얼갈이배추는 재배 기간이 짧으며 달달하고 맛이 좋다. 시판하는 얼갈이배추보다 더 어릴 때 수확해서 먹으면 달달하고 연한 식감이 좋다. 속이 꽉 차게 키우거나 반복 수확하는 것보다는 잎이 2~3장 나는 시기 즈음 뿌리째 수확해서 먹는 것을 추천한다.

재료 2L 페트병 화분, 통에 들어갈 만큼의 흙(원예용 상토), 얼갈이배추 씨앗, 퇴비 또는 수경 재배용 양액

1

화분에 흙을 80% 정도 채운다. 씨앗 3개를 흙 위에 올리고 주위의 흙으로 덮는다. 그런 다음 화분 아래에 물그릇을 두어 흙 표면까지 물이 촉촉하게 젖어들게 한다. 그 후에 랩으로 덮어 숨구멍을 뚫은 후 실내에 둔다.

2

씨앗을 심고 2~3일 정도 지나면 새싹이 자라면서 랩 표면에 닿으면 랩을 벗긴다. 씨앗을 심고 약 일주일 전후로 본잎이 나온다. 얼갈이배추 본잎은 어릴 때는 완전히 모양이 나오지 않고 둥글둥글하다.

3

본잎이 나오기 시작하면 우량한 하나만 남기고 나머지 두 개는 제거하여 크게 자랄 수 있는 공간을 확보한다.

4

그러나 시간이 지나면서 배추의 솜털도 보이고 모양도 잡힌다. 처음 키울 때는 한두 개만 시험 삼아 키워보고, 그 이후로는 얼갈이배추를 넓은 판에 크게 키워 어린잎채소처럼 먹어도 맛있다.

5

씨앗을 심고 약 3주 정도 지나면 본잎이 나오면서 점점 얼갈이배추 모양이 나기 시작한다. 연속해서 새잎이 계속 나온다. 줄기와 잎 사이에서 새로운 잎이 나오기도 한다.

6

씨앗을 심고 약 한 달 정도가 지나면 흙 위로 1cm 여유를 두고 가위로 전부 바짝 잘라 수확해서 먹는다. 어린잎채소보다는 더 키우고, 성체 배추보다는 조금 작은 상태로 키워낸다.

Tip 일반 씨앗이므로 너무 어릴 때(새싹이나 어린잎채소 단계) 먹으면 씨앗을 소독한 약제가 표면에 남아 문제가 될 수 있다. 따라서 하루 이틀 더 키워서 껍질이 떨어지면 먹는다.

얼갈이배추를 이용한 간단요리 레시피

얼갈이배추 된장국

재료 바지락 또는 재첩 1봉지, 다진 마늘 1/4숟가락, 얼갈이배추 2포기, 두부 1/2모, 된장 1숟가락, 고추장 1/2숟가락(고춧가루도 가능), 물 3컵

준비하기 얼갈이배추를 씻어 손가락 한 마디 길이로 썬다.

RECIPE

1 재첩을 박박 문질러 씻어 냄비에 담고 분량의 다진 마늘을 넣고 센 불에서 볶는다.

2 재첩이 입을 벌리기 시작하면 손질한 얼갈이배추와 분량의 된장 고추장을 넣는다. 고추장의 텁텁함이 싫다면 고춧가루로 대체한다.

3 볶다가 얼갈이배추의 숨이 죽으면 분량의 물과 두부를 썰어 넣고 5분간 팔팔 끓여 그릇에 담아낸다.

얼갈이배추 된장무침

재료 얼갈이배추 2포기, 된장 1숟가락, 고추장 1/2숟가락(고춧가루로 대체 가능), 다진 마늘 1/4숟가락, 통깨 1/4숟가락

준비하기 얼갈이배추를 씻어 물기를 제거해둔다.

RECIPE

1 씻어놓은 얼갈이배추를 전자레인지에 돌릴 수 있는 용기에 가위로 잘라 넣는다. 길이는 손가락 한 마디 정도가 좋다.

2 얼갈이배추를 잘라 넣은 그릇에 랩을 씌워 전자레인지에서 2분간 돌려 부드럽게 한다.

3 부드럽고 설겅설겅하게 익힌 배추에 분량의 된장, 고추장, 다진 마늘 그리고 통깨를 넣고 버무려 완성한다.

돌나물

돌나물 키우기

줄기만으로도 번식이 잘되기 때문에 굳이 씨앗을 심지 않아도 된다. 한여름에는 노란 꽃을 피우고 줄기가 적색으로 변한다. 이때는 맛이 없다. 꽃을 피워 자손을 번식할 때는 먹지 말라는 신호이다. 그러나 선선한 바람이 불면 다시 통통한 초록색 잎과 줄기를 볼 수 있다. 뿌리만 살아 있으면 오래도록 반복 수확이 가능하다.

재료 2L 페트병 화분, 통에 들어갈 만큼의 흙(원예용 상토), 손가락 길이의 돌나물 5가닥, 퇴비 또는 수경 재배용 양액

1

마트나 시장에서 돌나물을 구입해서 줄기를 어른 손가락 길이만큼 자른다. 절단 부위 쪽의 잎은 길이의 4분의 1만 남기고 모두 제거한다. 이는 물에서 뿌리를 내릴 때 물에 닿아 상하는 것을 막기 위해서다.

2

물 컵에 물을 반 정도 채우고 과정 1의 손질한 돌나물의 절단 면이 물에 닿도록 담가 서늘한 그늘에 둔다.

3

이대로 매일 물을 갈아주면서 일주일 정도 지나면 뿌리가 돋아나는 것이 보인다. 뿌리가 돋아나면 흙으로 옮겨 심는다.

4

화분의 80%만큼 흙(원예용 상토)을 채우고, 화분 아래 물그릇을 받쳐 흙 표면까지 촉촉해지도록 물을 적신다. 그런 다음 뿌리와 전체 줄기의 절반을 구멍을 파서 흙 속에 넣고 주위의 흙으로 덮어 그늘에 둔다. 흙에 옮겨 심고 3일 동안 매일 시들지 않는지 관찰한다. 시들지 않으면 햇빛에 옮긴다.

5

화분에 옮겨 심고 한 달 정도 지나면 줄기가 길어진다. 이때 퇴비나 수경 재배용 양액 등의 덧거름을 매주 한 번씩 주기적으로 주어 자랄 때 영양분이 부족하지 않도록 신경 쓴다.

6

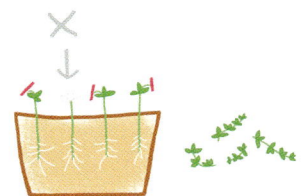

줄기가 길어지기 시작하면 언제든 수확해도 좋다. 수확할 때는 줄기의 3분의 1 정도를 남기고 윗부분을 잘라내면 된다. 잎이 일부 남아 있어야 재생이 잘 되니 모두 잘라내지 않는다.

Tip 처음부터 햇빛에 두면 스트레스로 인해 시들어 죽을 수 있다. 또한 한여름에 보라색 또는 붉은색으로 변하면 꽃이 피려는 것이니 그때를 지나 수확해서 먹는다.

돌나물을 이용한 간단요리 레시피

콜드 파스타

별다른 재료 없이 면의 고소함과 올리브오일의 풍미 그리고 소금, 후추로 산뜻하고 가벼운 파스타를 만든다. 항상 파스타라고 하면 지창하게 생각하지만 좋은 올리브오일이 있다면 신선한 토마토를 곁들여 간단하게 샐러드처럼 먹을 수도 있다. 농후한 크림파스타 또는 붉은 토마토 소스 파스타 말고도 신선한 파스타를 즐겨보자. 재료 고유의 맛을 느껴보는 것도 흥미롭다.

2인분 재료 돌나물 1컵, 푸실리 파스타 4컵, 방울토마토 3개, 슬라이스 치즈 4장, 올리브오일 4숟가락, 소금 2꼬집, 후추 2꼬집, 레몬 1/8 조각(없으면 생략 가능)

준비하기 돌나물과 방울토마토를 씻어 물기를 뺀다.

RECIPE

1 냄비에 푸실리 양의 5배에 해당하는 물 그리고 소금 한 숟가락을 넣고 봉지에 표시된 시간만큼 삶아 바로 찬물에 헹군다.

2 슬라이스 치즈 4장을 겹쳐 두툼하게 깍두기 모양으로 자른다. 방울토마토는 반으로 자른다. 치즈의 양을 줄이고 싶다면 슬라이스 치즈 1장을 접고 접어서 큐브 모양으로 만들면 된다. 치즈를 넣으면 감칠맛이 난다.

3 볼에 삶은 푸실리 파스타, 손질한 방울토마토와 치즈를 넣고 돌나물, 분량의 레몬과 올리브오일 그리고 소금 후추를 넣고 섞어 마무리한다. 돌나물은 톡톡 터지는 식감이 신선한 파스타와 더욱 잘 어울린다.

Tip 레몬을 구입하면 다 못 먹고 남기는 경우가 많다. 그럴 때는 껍질을 벗겨 먹기 좋은 크기로 잘라 냉동해두면 필요할 때마다 꺼내 쓰기 좋다.

돌나물을 이용한 간단요리 레시피

닭가슴살 토마토 샐러드

불을 쓰기 더운 여름에 토마토가 무를까 냉동해두었다면 한번 시도해 보자. 토마토는 먹기 좋은 크기로 잘라서 냉동하는 것이 좋다.

2인분 재료(종지로 하나 정도의 분량) 돌나물 2컵, 냉동 토마토 1개 분량, 닭가 슴살 2개, 올리브오일 1/4컵, 소금 2꼬집, 후추 2꼬집, 건조 허브 1/2숟가락(로 즈마리나 파슬리 또는 있는 허브 아무거나)

RECIPE

1 닭가슴살을 한입에 먹기 좋은 크기로 잘라 분량의 올리브오일 절반, 소금 1꼬 집, 후추 한 꼬집을 넣고, (역시 분량의 절반) 그릇에 랩을 덮어 전자레인지에 서 5분간 돌리면 사진처럼 익는다. 조각 하나를 들고 찢어보아 속까지 익었 으면 그대로 쓰고, 익지 않았다면 추가로 돌린다.

2 돌나물은 물에 헹궈 물기를 빼고 먹기 좋은 크기로 자른다.

3 얼린 토마토는 해동해서 먹기 좋은 크기로 자른다. 약간 설겅설겅 할 때 잘 라야 모양이 유지된다. 그다음 완성 접시에 손질한 돌나물→닭가슴살→자 른 토마토 순서로 올리고 나머지 올리브오일, 소금 그리고 후추를 뿌려 완성 한다.

Tip 올리브오일, 소금, 후추를 두 번에 나눠 사용하는 이유는 밑간을 해서 닭 에도 맛이 배도록 하고, 완성했을 때에는 전체적으로 올리브오일로 합쳐주는 역할을 하기 때문이다.

sedum

미나리

미나리 키우기

돌나물처럼 씨앗보다는 줄기로 번식시키면 수월하다. 아무데서나 잘 자라는데 논에서 자라면 논 미나리, 밭에서 자라면 밭 미나리로 불린다. 마디가 있는 굵은 줄기를 봉지에 넣고 숨구멍으로 약간 열어두면 며칠 만에 마디에서 하얀 뿌리가 나온다. 이를 흙에 옮겨 심어 크게 키운다. 반복 수확이 가능하며, 두고두고 키워 먹기 좋다.

재료 2L 페트병 화분, 통에 들어갈 만큼의 흙(원예용 상토), 미나리 반 단, 퇴비 또는 수경 재배용 양액

1

마트나 시장에서 뿌리가 있는 미나리를 구입하여 단을 묶은 끈 채로 뿌리부터 어른 손가락 길이만큼 잘라 뿌리가 있는 부분을 남긴다.

2

화분의 80%만큼 흙(원예용 상토)을 채우고, 화분 아래 물그릇을 받쳐 흙 표면까지 촉촉해지도록 물을 적신다. 뿌리와 줄기의 절반이 들어갈 만큼 구멍을 파서 뿌리와 줄기를 넣고 주위의 흙으로 살살 덮는다.

3

퇴비나 수경 재배용 양액 등의 덧거름을 매주 한 번 주기적으로 주어 자라면서 영양분이 부족하지 않도록 신경 쓴다.

4

옮겨 심고 약 2주 정도 지나면 줄기와 잎이 자라난다. 새로 나오는 부분은 색이 연하다.

5

화분에 옮겨 심고 한 달 정도 지나면 줄기가 훨씬 더 많이 길어진다.

6

줄기가 길어지기 시작하면 언제든 수확해도 좋다. 수확할 때는 줄기의 3분의 1 정도를 남기고 윗부분을 잘라내면 된다. 수확할 때마다 덧거름을 주어 재생할 수 있도록 한다.

Tip 흙을 채운 화분의 흙에 물을 적신 후 씨앗이나 모종을 심으면, 심은 후에 물을 주는 것보다 편하게 작업할 수 있다. 또한 흙에 물이 골고루 젖어 있어 뿌리가 물을 좀 더 잘 흡수할 수 있다.

미나리를 이용한 간단요리 레시피

미나리 초무침

2인분 재료 미나리 파스타 1인분만큼, 칵테일새우 10개, 두부 반 모
양념장 재료(초고추장 만드는 방법) 고추장 1숟가락, 설탕 1/2숟가락, 식초 1/2 숟가락
준비하기 미나리를 물에 헹군다.

RECIPE

1 미나리 잎을 모두 제거하고 손가락 길이로 썬다. 두부는 길이 2cm의 주사위 모양으로 썬다. 새우는 껍질을 깐다.

2 냄비에 라면 1개 끓일 만큼의 물을 담아 불에 올린다. 끓기 시작하면 손질한 두부를 넣고 한 번 끓어오르면 1분 뒤에 건져낸다. 1분을 끓이는 이유는 속까지 데우기 위해서다.

3 미나리와 새우도 데치는데, 두부와는 달리 끓는 물에 재료를 넣고 다시 끓어오르면 건져낸다.

미나리 연근 샐러드

2인분 재료 미나리 파스타 1인분만큼, 연근 1개
드레싱 재료 마요네즈 1컵, 검은깨 1숟가락, 꿀 1숟가락, 소금 한 꼬집
준비하기 미나리와 연근을 씻는다. 연근은 감자를 씻듯이 겉에 묻은 흙을 손으로 비비며 물로 헹궈낸다.

RECIPE

1 미나리는 물을 털어내고 손가락 길이로 썰어 끓는 물에 넣고 물이 다시 끓어오르면 지체하지 말고 바로 건져낸다.

2 씻어놓은 연근은 감자 깎는 도구로 껍질을 벗긴다.

3 껍질을 벗긴 연근은 두께 5mm로 썬다. 손질한 연근을 끓는 물에 넣고 10분간 삶아 익힌다. 끝의 지저분한 부분은 버린다. 드레싱 재료를 모두 믹서에 넣고 곱게 갈아 데친 미나리, 삶은 연근과 함께 버무려 완성한다.

Tip 데치는 물은 재료가 바뀔 때마다 버리지 말고 그대로 사용한다.

잎비트

잎비트 키우기

씨앗은 근대와 흡사하며 육안으로 구분하기가 어렵다. 울퉁불퉁하고 어른 새끼손톱 4분의 1 크기이다. 비트를 잎을 먹을 목적으로 심을 때에는 씨앗보다 무처럼 생긴 둥그런 덩어리를 심는 것이 훨씬 빠르다. 씨앗을 심을 경우에는 큰 비트 잎을 먹기까지 오래 키워야 하기 때문이다. 반복수확이 가능하며 잎과 줄기를 이용하기 좋다.

재료 2L 페트병 화분, 통에 들어갈 만큼의 흙(원예용 상토), 알비트, 퇴비 또는 수경재배용 양액

1

알비트를 구입한다(편의상 비트의 뿌리 부분인 무처럼 생긴 둥그런 부분을 알비트라고 표현했다). 줄기가 있던 부분을 위쪽으로 오게, 그 반대방향은 물에 닿도록 물이 담긴 컵에 올려둔다. 컵은 실내의 따뜻한 곳에 둔다.

2

약 일주일 정도 지나면 줄기가 있던 자리에서 새잎이 돋아나기 시작한다. 돋아나기 시작하면 바로 햇빛이 있는 곳으로 옮겨 빛을 충분히 보게 한다. 씨앗을 심었을 때와는 달리 알비트는 축적양분을 이용해 재배 초반부터 잎이 크게 자란다.

3

잎이 자라기 시작하면 흙에 옮겨 심는다. 화분의 50% 정도 흙(원예용 상토)을 채우고 알비트를 얹은 후 덧거름(흙처럼 생긴 퇴비 또는 지렁이 분변토 등)으로 표면을 덮어준다. 알비트에 양분이 있지만 추가로 공급하면 더 잘 자랄 수 있다.

4

잎이 돋아난 이후에는 새잎이 빠른 속도로 올라온다. 이때 흙이 마르지 않도록 매일 물을 준다.

5

알비트를 물에서 재배하기 시작한 후부터 3주 정도 지나면 잎이 제법 많이 돋아난다.

6

잎이 5장 이상이 되면 언제든지 낱장으로 수확해서 먹어도 좋다. 한두 장 수확해서 음식에 장식해도 되고, 덧거름을 충분히 주어 여러 장을 키워 수확해 손바닥만 한 비트 잎으로 쌈을 먹어도 좋다. 반복수확이 가능하니 부지런히 수확해서 먹는다.

Tip
— 흙에 심을 때에는 잎이 흙에 조금 묻히도록 심는다. 그래도 새잎이 충분히 잘 나온다.
— 잎채소가 자라는 적정 온도는 20~25℃이므로 최대한 맞는 환경에 둔다.

잎비트를 이용한 간단요리 레시피

잎비트 황도 샐러드

재료 잎비트 3장, 황도(또는 일반 복숭아, 통조림도 가능) 1가, 유자청 드레싱 3순가락

RECIPE

1 황도를 씻어 칼로 껍질을 깐다. 복숭아 껍질에는 솜털이 있으므로 잘 문질러 씻고, 껍질을 벗길 때에는 미끄러우니 떨어뜨리지 않도록 조심한다.

2 비트 잎은 씻어 물기를 털고 손가락 한 마디 길이로 자른다.

3 볼에 드레싱 재료를 모두 섞어 드레싱을 만들고, 여기에 손질한 황도와 잎비트를 넣고 버무려 완성한다.

쌈밥

귀찮지 않다면 밥에 고운 소금 한 꼬집을 넣어 밑간을 하면 더 맛있게 먹을 수 있다. 또한 우렁이 쌈장을 만들어 시중에 단매되는 쌈장을 대신하면 더욱 맛있다.

재료 잎비트 8장, 쌈무, 밥 1그릇, 쌈장 1순가락, 들기름(또는 참기름)

RECIPE

1 잎비트를 그릇에 놓고 전자레인지에 30초간 돌려 익힌다. 밥은 8등분한 다음 손으로 길쭉하게 원통 모양을 잡는다.

2 쌈무를 체에 밭쳐 물기를 뺀다.

3 길쭉하게 모양을 잡은 밥을 잎비트와 쌈무에 올려 돌돌 만다. 쌈두가 풀리지 않도록 미나리로 묶는다. 비트는 줄기가 있어 잘 풀리지 않으니 따로 묶지 않아도 된다.

시금치 키우기

시금치

씨앗은 시금치의 종류에 따라 뿔이 나거나 매끈한 모양이며, 어른 손톱의 4분의 1 크기이다. 시금치는 사 먹는 것이 시간적·공간적으로 더 경제적이다. 하지만 아이가 어릴 경우 이유식용으로 몇 뿌리 직접 키우면 농약 걱정 없이 안전하게 먹일 수 있다. 반복 수확보다는 뿌리째 수확하는 것을 추천한다.

재료 2L 페트병 화분, 통에 들어갈 만큼의 흙(원예용 상토), 시금치 씨앗, 퇴비 또는 수경 재배용 양액

1

화분에 흙을 80% 정도 채우고, 화분을 바닥에 탁탁 쳐서 빈 구멍을 없앤다. 그런 다음 물그릇을 화분 아래 받쳐 흙 전체에 물이 흡수되도록 한다. 씨앗을 심고 랩을 덮어 발아를 위한 습도를 유지한다.

2

시금치는 상추보다 발아가 늦은 편이라 느긋하게 기다리는 것이 좋다. 씨앗을 심고 약 2주일 정도가 지나면 떡잎이 나온다.

3

시금치는 떡잎이 상추보다 긴 편이고, 씨앗 껍질에서 분리가 늦을 수 있다. 이때 손으로 떼지 말고 자연스럽게 떨어지도록 둔다.

4

솎아내지 않고 모두 키워 본잎이 3장 이상 나오면 수확해서 이용한다. 너무 어릴 때 수확하면 씨앗을 덮고 있던 소독약이 남을 수 있다.

5

씨앗을 심고 3주 정도 지난 모습이다. 여러 개의 화분에 심어두면 필요할 때마다 조금씩 수확해서 이용할 수 있으니, 필요한 만큼 심어놓고 주기적으로 수확해도 좋다.

6

씨앗을 심고 약 한 달 이후부터 언제든지 수확을 해도 좋다. 덧거름을 신경 써서 주어야 수확을 빨리 할 수 있다. 수확할 때에는 뿌리째 뽑아서 씻어 잔뿌리만 제거하고 통째로 굵은 뿌리까지 먹는다.

Tip 씨앗을 심는 깊이가 깊으면 발아가 잘 안 될 수 있으니 주의한다. 씨앗 굵기 만큼만 흙을 덮어준다(마치 이불 덮듯이).

시금치를 이용한 간단요리 레시피

순두부 샐러드

재료 원통형으로 나온 순두부 1팩, 시금치 3뿌리, 올리브오일 2숟가락, 소금 1꼬집, 오리엔탈 드레싱

RECIPE

1 도마에 순두부를 올려 절취 선을 따라 칼로 개봉한다. 봉지 끝을 밀면서 주게 1cm로 순두부를 자른다. 부서지지 않게 칼등에 얹어 조심히 그릇에 옮겨 담는다.

2 시금치를 씻어 물기를 털고 손가락 두 마디 길이로 자른다. 잘랐을 때 밥그릇 1개 분량이다.

3 팬에 올리브오일을 두르고 시금치를 지글하는 소리가 나는 순간부터 30초단 볶아 순두부 위에 올린다. 여기에 오리엔탈 드레싱 재료를 섞어 뿌려 먹는다.

1

2

3

Tip 시간이 지날수록 순두부에서 물이 나오는데, 자연스러운 현상이니 놀라지 말자.

시금치를 이용한 간단요리 레시피

시금치 버섯 샐러드

고추장아찌가 드레싱 역할을 하는 간단하고 맛좋은 샐러드

재료 시금치 5뿌리, 느타리버섯 1밥그릇 분량, 소금 한 꼬집, 후추 한 꼬집, 캐슈너트 1숟가락(다른 견과류도 무관)
준비하기 시금치를 씻어 물기를 뺀다. 버섯은 물에 살짝 스쳐 지나가게 해서 물기를 털고 닦는다. 오래 물에 닿게 하면 버섯이 물을 먹어 맛이 없어진다.

RECIPE

1 기름 없는 팬에 견과류를 넣어 약한 불에서 볶는다. 볶으면 맛과 향이 좋아진다. 열을 가하면 견과류에서 기름이 나와 반들반들해지는데, 노릇해지면 그릇에 옮긴다.

2 견과류를 볶은 팬에 올리브오일을 1숟가락 두르고 버섯을 센 불에서 약 3분 정도 노릇하게 볶는다. 역시 노릇해지면 그릇에 옮긴다.

3 버섯을 볶은 팬은 씻지 않고 그대로 올리브오일 1숟가락을 두른 후 씻어 물기를 뺀 시금치를 손으로 두어 번 찢어 10초만 볶는다. 이때 분량의 소금과 후추를 함께 넣어 간을 한다. 접시에 버섯→시금치→견과류 순서로 올리고, 고추장아찌를 손가락 반 마디 길이로 썰어 얹어 함께 먹는다.

Tip 고추장아찌 만들기
풋고추 10개, 식초 1컵, 설탕 1컵, 간장 1.5컵을 준비한다. 냄비에 식초, 설탕, 간장을 모두 넣고 팔팔 끓인다. 풋고추를 씻어 키친타월로 물기를 완전히 제거한다. 손가락 반 마디(1.5cm 정도) 두께로 썰어 깨끗한 유리병에 담고 팔팔 끓인 배합초를 붓는다. 서늘한 곳에 두었다가 3일 뒤부터 먹는다. 먹기 시작할 때부터는 냉장 보관한다. 풋고추 대신 청양고추로 만들어도 맛있다.

청경채

청경채 키우기

씨앗 크기는 좁쌀보다 약간 더 크다. 배추, 비타민채(다채), 겨자채 등의 씨앗과 흡사하여 육안으로 구분하기 쉽지 않다. 싹이 나고 일주일쯤 된 청경채를 보면 언제 크나 싶지만, 본잎이 2~3장 나온 뒤부터는 양분만 충분하다면 잎에 연결된 넓은 줄기가 매일 눈에 띄게 통통해진다. 낱장 수확량도 많다. 낱장으로 반복 수확해도 좋고 뿌리째 뽑아 수확해도 좋다.

재료 화분, 흙(원예용 상토), 청경채 씨앗 3개, 퇴비 또는 수경 재배용 양액

1

화분의 80%만큼 흙(원예용 상토)을 채우고 화분 아래 물그릇을 받쳐 화분 바닥부터 흙 표면까지 충분히 물을 흡수하도록 한다. 청경채 씨앗을 씨앗 굵기의 깊이로 심는다. 씨앗은 3개를 심어 우량한 1개만 키운다. 씨앗을 심고 나서는 랩을 덮어 습도를 유지한다.

2

약 일주일 이내에 싹이 나서 떡잎이 펼쳐진다. 청경채의 떡잎이 펼쳐지면 네잎클로버 모양이다. 싹이 나면서 일부 씨앗 껍질은 떡잎의 끝에 붙어 있기도 하는데, 일부러 이를 제거하면서 잎을 손상시키지 말고 자연스럽게 떨어지도록 둔다.

3

씨앗을 심고 약 2주 이내(빠르면 일주일)에 떡잎 사이가 벌어지고, 며칠 머뭇거린 후 본잎이 길쭉하게 나온다. 아직은 본잎이 흔히 보던 청경채의 모양이 아니지만 점차 자라면서 모양을 갖춘다.

4

첫 번째 본잎이 나오면 연달아 두 번째와 세 번째 잎이 나오기 시작한다. 본잎이 나오기 시작하면 덧거름을 일주일에 한 번씩 주어 충분히 영양을 공급한다.

5

씨앗을 심고 약 한 달이 지나면 완연한 청경채의 모습이 나온다. 심지어 포기를 형성해서 배추와 비슷한 모양이 되는데, 이는 청경채가 배추와 가족이기 때문에 그렇다.

6

수확할 때는 뿌리째 뽑거나 낱장으로 필요한 만큼씩 수확해서 이용하면 된다. 샐러드에 생으로 넣으면 줄기의 아삭이는 식감을 즐길 수 있다.

청경채를 이용한 간단요리 레시피

청경채 홍합볶음

재료 청경채 8뿌리, 홍합 냉면 용기로 1개 분량, 셀러리 손가락 길이 1대, 마늘 2톨, 매운 홍고추 1개(혹은 청양고추), 올리브오일

준비하기 청경채를 헹궈 물기를 털고 길이로 반을 자른다. 홍합은 겉면들 손으로 문질러 이물질을 제거하고, 양쪽 껍질 사이에 나온 줄처럼 생긴 것들 힘으로 잡아 빼 정리한 후 헹궈 체에 건져둔다.

RECIPE

1 셀러리와 마늘을 편으로 썬다. 냄비에 올리브오일을 두르고 약한 불에서 손질한 셀러리, 마늘, 매운 고추를 넣고 향을 낸다. 센 불에서 마늘을 볶으면 눈 깜짝할 사이에 타버리기 때문이다. 매운 고추는 맨손으로 다루면 손이 아프니 가위를 이용하여 3등분해서 넣는다.

2 마늘이 노릇노릇해지면 손질한 홍합을 넣고 볶다가, 홍합이 입을 벌리기 시작하면 물 3컵을 붓고 뚜껑을 덮는다.

3 중간에 열어보아 홍합이 모두 입을 열었으면 반으로 가른 청경채를 가지런히 놓고 뚜껑을 덮는다. 30초 후에 뚜껑을 열어보아 청경채가 숨이 죽었으면 불을 끄고 접시에 담아낸다. 홍합을 먼저 담고 그 위에 모양을 내서 청경채를 담아낸다.

청경채 스푼 핑거푸드

재료 청경채 1포기, 순두부 1/2컵, 고추장 1티스푼, 견과류 1티스푼

RECIPE

1 청경채를 씻어 물기를 털고, 잎을 낱장으로 분리한다.

2 청경채를 제외한 나머지 재료를 모두 밥그릇에 넣는다.

3 이것을 숟가락으로 잘 저어 청경채 끝부분에 올려 완성 접시에 얹어 먹는다. 아니면 청경채는 씻어 쌓아놓고, 한쪽에 양념한 순두부 그릇을 놓고 직접 떠서 먹는다.

부추 키우기

씨앗은 새까맣고 납작한 지름 약 5mm 이하의 원형이다. 싹이 나면 접힌 줄기가 씨앗 껍질 안에 들어 있다가 점차 펼쳐지며 초록색 물이 들고 껍질을 벗는다. 반드시 일주일에 한 번씩 덧거름을 주고, 길이가 한 뼘 이상 되면 지체하지 말고 부지런히 수확해야 줄기 재생이 원활해진다. 뿌리만 잘 유지하면 10년이고 20년이고 반복 수확이 가능하다.

재료 2L 페트병 화분, 통에 들어갈 만큼의 흙(원예용 상토), 부추 씨앗 1/2티스푼, 퇴비 또는 수경 재배용 양액

1

화분의 80%만큼 흙(원예용 상토)을 담고 바닥에 탁탁 쳐서 빈 공간을 없앤다. 부추 씨앗을 반 숟가락 화분 표면에 골고루 뿌린다. 그런 다음 손가락으로 깊이 1cm 정도로 골고루 섞는다. 화분 아래 물그릇을 받쳐 흙에 물을 먹이고, 랩을 덮어 발아를 돕는다.

2

싹이 나서 랩을 밀고 올라오면 랩을 제거한다. 부추는 잎이 꺾여서 나오기 때문에 잘못 키운 것으로 오해할 수 있으나 자연스러운 현상이다.

3

점차 잎이 펴지면서 일부는 씨앗 껍질을 벗고, 일부는 그대로 갖고 있다. 일부러 껍질을 제거하지 말고 자연스럽게 벗겨지도록 둔다.

4

씨앗을 심고 약 2주 이상 지나면 잎이 곧게 펴지고 씨앗 껍질도 대체로 떨어진다. 이때부터는 부추에 부지런히 추가 양분을 준다.

5

씨앗 껍질이 손으로 셀 수 있을 만큼 남으면 손가락 한 마디만큼 남기고 수확해서 먹는다. 일주일에 두 번 덧거름을 준다.

6

부추는 자라는 만큼 베어주어야 잘 자란다. 처음에는 줄기가 가늘지만 점점 굵어지므로 물, 덧거름 그리고 햇빛 쪼여주기를 소홀히 하지 않는다. 부추는 양분을 많이 필요로 하므로 덧거름 주는 것을 잊지 않도록 한다.

Tip 덧거름의 종류는 수경 재배용 양액을 추천한다. 일주일에 두 번, 물 대신 양액을 물처럼 준다.

부추를 이용한 간단요리 레시피

부추 겉절이

재료 부추 1/2단, 간장 1/2숟가락, 멸치액젓 1/2숟가락, 설탕 1/2숟가락, 고춧가루 1/2숟가락, 식초 1/2숟가락, 참기름 1/2숟가락, 통깨 1/2숟가락(모든 재료가 절반!)

준비하기 부추의 누런 부분을 제거하고 헹궈 체에 밭쳐 물기를 뺀다.

RECIPE

1 부추를 제외한 모든 재료를 볼에 넣고 섞어 양념장을 만든다.

2 부추를 손가락 두 마디 길이로 자른다.

3 큰 볼에 손질한 부추와 양념장을 넣고 재빨리 버무려 그릇에 담아낸다. 비닐장갑을 끼고 오래 주물럭거리면 숨이 죽어 볼품이 없어진다.

소고기 육전

재료 소고기 홍두깨살 100g(또는 아주 얇게 슬라이스 된 기름이 적은 부위 무엇이든 상관없음), 밀가루 1컵, 달걀 1개, 소금, 후추

준비하기 키친타월에 고기를 눌러 핏물을 제거한다.

RECIPE

1 핏물을 제거한 소고기를 장마다 소금과 후추를 뿌려 간을 한다.

2 볼 2개를 준비해서 분량의 밀가루를 담고 또 다른 볼에는 달걀을 둔다. 달걀에는 소금과 후추를 한 꼬집씩 넣어 간을 한다. 밑간을 한 고기를 밀가루 → 달걀 순서로 옷을 입힌다.

3 밀가루만 모두 입힌 후에 팬에 불을 켜 오일을 두르고 달걀을 입히면서 바로 달군 팬에 올려 앞뒤로 10초씩만 굽는다. 이는 소고기가 질겨지지 않도록 샤브샤브 하듯이 구워낸다 생각하면 좋다.

대파

대파 키우기

씨앗은 검고 납작한 원형으로 지름이 새끼손톱 4분의 1 크기이다. 씨앗을 심어 재배하려면 1년 정도 시간이 걸리는데, 뿌리에 가까운 줄기의 일부를 심거나 다듬다가 나온 뿌리만 비닐봉지에 넣어 두어도 일주일 정도 지나면 자른 단면에서 새로 줄기가 올라온다. 자란 줄기의 일부를 수확하고 다시 양분을 주면 2~3번쯤 반복 수확이 가능하다.

재료 2L 페트병 화분, 통에 들어갈 만큼의 흙(원예용 상토), 대파 한 단, 퇴비 또는 수경 재배용 양액

1

대파 한 단을 준비한다. 묶은 끈을 풀지 않아야 균일하게 자를 수 있다.

2

뿌리 쪽으로 5cm를 자른 후 뿌리 쪽을 사용한다. 윗부분은 재배에 사용할 수 없으니 요리용으로 사용한다.

3

화분의 80%에 흙(원예용 상토)을 담고 화분 아래로 물을 충분히 흡수시켜 전체적으로 촉촉하게 물이 스며들게 한 후 흙 표면까지 젖어들면 잘라 놓은 뿌리를 심는다.

4
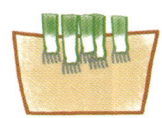

파의 흰 부분은 옮겨 심은 지 며칠 만에 녹색으로 물든다. 화분이 협소하면 고형 덧거름을 주는 것보다 액체 형태로 주는 것이 수월하다.

5
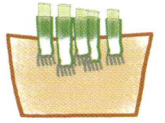

약 일주일 정도가 지나면 자른 단면에서 새로 파가 올라온다. 이때부터는 새로 자란 부위를 언제든지 수확해서 이용하면 된다.

6

자라면서 새로 나는 줄기는 점점 가늘어진다. 흙에 옮겨 심지 않는다면 양동이 바닥에 물이 깔리게 한 후 대파를 그대로 꽂아서 화병에 꽃을 꽂은 것처럼 물을 공급하며 키워 신선하게 먹어도 된다.

대파를 이용한 간단요리 레시피

대파 볶음밥

재료 팔뚝 길이 정도 되는 대파 1대, 베이컨 2장, 달걀 1개, 밥 3/4그릇, 간장 1숟가락, 소금

준비하기 대파를 폭 5mm로 총총 썬다. 다 썰고 나서 전체를 모아 칼로 숭덩숭덩 두어 번 더 자른다(추가로 자르는 과정은 생략 가능). 달걀은 밥그릇에 풀어 소금 한 꼬집을 넣어 간을 한다.

RECIPE

1 팬에 식용유를 두르고 썰어놓은 대파를 볶는다. 파가 노릇노릇한 색이 나는 단계가 되면 엄지손톱만 한 크기로 썰어놓은 베이컨을 넣는다.

2 베이컨에서 기름이 나오기 시작하면 파와 고르게 섞이도록 잘 섞어가며 볶는다. 베이컨이 노릇노릇해지면 분량의 간장을 팬에 부어 바로 모든 재료와 섞는다.

3 그 옆 공간에 풀어놓은 달걀을 부어 주걱이나 나무숟가락으로 자르듯 쉿는다. 달걀이 익으면 재빨리 밥을 넣고 추가로 간장 1숟가락을 넣고 볶아낸다. 볶음밥을 동그랗게 모양을 잡으려면 달걀을 풀었던 밥그릇에 담아 접시에 뒤집으면 된다.

Tip 달군 팬에 1숟가락의 간장을 붓는 즉시 검게 변하는데 재빨리 볶아주면 타지 않고 맛있는 맛이 난다. 간장을 넣자마자 불과 닿아 치지직 소리가 나면 파, 베이컨 볶던 것과 어우러지게 한다.

달걀찜

작은 뚝배기로 달걀찜을 만들면 풍성하고 따끈하게 먹기 좋다. 파에서 단맛이 나와 달걀찜이 소금 맛만 나지 않고 맛있다. 따라서 인공조미료는 넣지 않는다. 이 레시피에서 중요한 것은 간을 조절하는 것이다. 소금이 모자라면 먹으면서 더 넣어도 되지만, 처음부터 많이 넣으면 짜기 때문에 달걀의 맛을 느끼지 못한다. 달걀찜은 푹푹 퍼먹어야 제 맛이니 소금은 조금만 넣는다.

재료 달걀 3개, 물 1컵, 대파 1대, 소금 한 꼬집

RECIPE

1 파를 다진다.

2 뚝배기 또는 작은 냄비에 달걀을 깨 넣고 젓가락으로 푼다. 풀면서 덩어리진 것이 없도록 잘 풀어야 익혔을 때 흰자 덩어리가 나오지 않는다.

3 달걀을 푼 뚝배기에 분량의 물, 다진 파, 소금을 넣고 전자레인지에 4분 돌려 완성한다. 뚝배기가 많이 뜨거우니 조심해야 한다.

Tip 달걀물을 냉장고에서 하룻밤 두었다가 조리하면 더 잘 부푼다.

쪽파

쪽파 키우기

쪽파는 씨앗이 아니라 뿌리 쪽의 줄기 일부가 비대해진 덩어리로 번식한다. 종구를 심으면 약 2주쯤 후에 줄기가 자라 질기지 않고 연한 식감과 달달한 맛이 나는 쪽파를 수확할 수 있다. 뿌리째 뽑아 먹고 나면 반복 수확이 어렵다. 대신 흙 속에서 월동시키면 이듬해 봄에 마늘처럼 생긴 덩어리인 종구의 개수가 늘어나고 새로 줄기가 올라온다.

재료 2L 페트병 화분, 통에 들어갈 만큼의 흙(원예용 상토), 쪽파 종구(씨앗 역할을 하는 것, 마늘처럼 생김), 퇴비 또는 수경 재배용 양액

1

마늘처럼 생긴 쪽파 종구를 준비한다. 심고 남은 종구는 바람이 잘 통하는 곳에 망에 넣어 걸어둔다. 그렇지 않으면 공기가 통하지 않아 상해버릴 수 있다.

2

겉면에 너덜거리는 껍질만 제거한다. 다듬지 않아도 큰 문제는 되지 않는다.

3

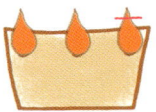

화분의 80%만큼 흙(원예용 상토)을 담고 물을 충분히 먹여 쪽파 종구를 심는다. 심을 때는 싹이 올라오는 뾰족한 부분이 위로 올라오도록 한다. 종구의 길이로 3분의 2 부분은 흙에, 나머지 3분의 1은 흙 위로 올라오게 한다.

4

싹이 나면 일주일에 두 번 덧거름을 준다. 덧거름으로는 수경 재배용 양액을 주는 것이 편리하고 물 대신 주기 때문에 화분의 흙이 넘칠 염려가 없다.

5

초록색 잎의 길이가 어른 손가락 길이 정도가 되면 언제든지 수확해서 먹어도 좋다. 약 한 달 정도가 되면 쪽파가 길어져서 수확해서 먹을 만하다.

6

쪽파가 자라면서 필요한 만큼만 수확해서 먹고 나머지는 덧거름을 일주일에 두 번 주면서 햇빛을 보게 해 더 키운다. 너무 오래 키우면 잎이 질겨지니 전체 길이가 30cm를 넘지 않도록 한다. 쪽파는 길이가 짧아도 연하고 맛이 있다.

Tip 수경 재배용 양액을 매일 물처럼 줘도 된다. 다만 농도는 제품의 겉면에 쓰인 대로 정확히 희석해야 한다. 또한 어린 싹의 경우에는 양액의 농도가 높으면 녹아 죽을 수도 있으니 조심해야 한다. 정 주고 싶다면 본잎이 나오기 시작한 이후로 시기를 조절하거나 또는 양액의 농도를 아주 약하게 주도록 한다.

쪽파를 이용한 간단요리 레시피

해물파전

재료 쪽파 10줄기, 부침가루 1/2컵, 물, 소금 한 꼬집, 달걀 1개, 칵테일 새우 1/2컵, 식용유 2숟가락, 간장 2숟가락, 식초 2방울

준비하기 칵테일 새우를 물에 헹궈 체에 밭쳐 물기를 뺀다.

RECIPE

1. 볼에 부침가루와 분량의 찬물을 넣고 덩어리가 생기지 않도록 잘 젓는다. 쪽파를 다듬고 씻어 부침가루를 풀어놓은 볼에 넣는다.

2. 쪽파를 넣은 볼에 씻어놓은 칵테일 새우를 넣고 숟가락으로 두어 번 섞어 반죽을 완성한다.

3. 팬에 오일을 두르고 중불에서 뜨거워지면 반죽을 모두 붓고, 달걀 하나를 개 넣고 노른자를 터뜨려 굽는다. 팬에 부은 반죽의 가장자리가 노릇하게 익으면 뒤집어서 3분 정도 굽고 접시에 담아낸다. 분량의 간장과 식초를 종지에 담아 초간장을 만들어 찍어 먹는다.

투움바 파스타

재료 쪽파 3뿌리, 넓적한 파스타 면 1인분, 칵테일 새우 1/2컵, 케첩, 간장, 고춧가루, 양송이버섯, 휘핑크림, 소금 1/2숟가락

RECIPE

1. 쪽파를 다듬고 헹궈 5mm 길이로 총총 썬다.

2. 밀폐용기에 파스타 면을 제외한 모든 재료를 넣어 섞고 뚜껑을 덮어 냉장고에서 1시간 재운다.

3. 냄비에 라면 3개 끓일 분량의 물을 넣고 소금을 1/2숟가락 넣어 파스타 면을 봉지에 적힌 시간보다 3분 덜 삶는다. 다른 불에서는 팬에 숙성시킨 크림을 붓고 약한 불에서 기포가 올라올 때까지 데운다. 기포가 올라오면 중불에서 삶아놓은 면을 넣고 1분간 젓가락으로 저어가며 익혀 접시에 담아낸다.

Tip 면을 덜 삶는 이유는 팬에 크림을 넣고 익히는 동안 면이 불지 않도록 하기 위해서다.

셀러리

셀러리 키우기

씨앗이 당근이나 미나리 또는 펜넬과 비슷하게 생겼으나 그보다 훨씬 작다. 마치 흙가루로 착각할 정도이다. 흙에 심으면 모종이 될 때까지 다른 채소보다 시간과 노력이 조금 더 드는 편이므로 모종 심기를 추천한다. 모종 단계 이후부터는 빠른 속도로 자란다. 일주일에 한 번씩 덧거름을 주면 재생이 빠르다. 줄기를 일부씩 수확하면 반복 수확도 가능하다.

재료 2L 페트병 화분, 통에 들어갈 만큼의 흙(원예용 상토), 셀러리 씨앗, 퇴비 또는 수경 재배용 양액

1

화분의 80%만큼 흙(원예용 상토)을 담고 흙에 물을 충분히 먹여 묵직해지면 씨앗을 3알씩 세 군데 심는다.

2

씨앗이 좁쌀만큼 작기 때문에 조심히 다뤄야 한다. 랩을 덮으면 씨앗 심기가 끝난다. 이 화분은 따뜻한 실내에 두어 싹이 나게 한다. 상추보다 발아가 늦은 편이다.

3

싹이 돋아 랩을 밀어올리면 걷어낸다. 이때부터는 랩을 벗기고 햇빛이 잘 드는 곳에 둔다. 일부는 영영 싹이 트지 못하기도 한다.

4

씨앗 껍질이 벗겨지고 떡잎이 완전히 펼쳐지면 3개씩 심은 그룹에서 우량한 하나씩만 남기고 모두 제거한다. 본잎이 나온 이후부터는 덧거름을 일주일에 한 번씩 주어 영양 공급을 한다. 흙 표면이 마르면 물을 주는 것도 잊지 않도록 한다.

5

럭비공 모양의 떡잎이 양쪽으로 2장 나오면 곧 뾰족한 본잎이 나온다. 본잎이 나온 이후부터는 자라는 속도가 빨라진다. 씨앗을 심고 빠르면 한 달 이후에는 풍성하게 자라 줄기의 굵기가 엄지손가락만큼 굵어진다. 줄기가 가느다랄 때에는 낱개로 수확해서 쌈과 함께 먹어도 향긋하다.

6

씨앗을 심고 약 한 달 정도 덧거름과 햇빛을 잘 받게 하여 키우면 줄기가 굵어져서 제법 먹을 만해진다. 수확할 때는 상추와 마찬가지로 중심의 줄기가 부러지지 않도록 수확하는 부분만 눌러 아래로 젖힌다.

셀러리를 이용한 간단요리 레시피

셀러리 조개볶음

재료 모시조개 1팩, 셀러리 손가락 길이 1대, 레몬 1/4개, 오레가노 1/2티스푼, 후추 한 꼬집, 화이트와인(달지 않고 탄산이 없는) 1컵, 올리브오일 2숟가락

RECIPE

1 조개를 양손으로 비벼 껍질의 이물질을 제거하고 체어 받쳐둔다. 셀러리는 5mm 너비로 썬다.

2 마늘은 편으로 썰어 올리브오일을 두른 팬에서 약한 불로 노릇하게 튀기듯 익힌다.

3 마늘이 익었으면 레몬과 화이트와인을 제외한 나머지 재료를 모두 넣고 끓인다. 끓기 시작하면 분량의 화이트와인을 붓고 조개가 모두 입을 벌릴 때까지 끓여 그릇에 담아낸다. 레몬을 썰어 얹어 향을 낸다.

셀러리 장아찌

한 번 먹어보면 아삭한 셀러리의 식감에 중독되어 자꾸만 손이 가는 장아찌이다. 요리하고 남은 셀러리의 신선도가 떨어지기 전에 장아찌로 변신시키자. 장아찌를 담고 3일 후 병뚜껑을 열고 아삭함을 즐기다 보면 금세 바닥을 보인다.

재료 셀러리 2줄기, 500㎖ 내열 유리병, 간장 1컵, 식초 1컵, 설탕 1컵
준비하기 내열 유리병에 끓는 물을 부어 헹구고 물을 비운다. 장기 저장을 위해 소독하는 과정이다. 만약 내열 유리가 아니라면 끓는 물 대신 소독용 알코올을 반 컵 정도 부어 헹궈낸다. 비내열 유리에 끓는 물을 부으면 즉시 깨져버리기 때문이다.

RECIPE

1 셀러리를 씻어 물기를 완전히 제거하고 5mm 길이로 총총 썬다.

2 간장, 식초 그리고 설탕을 냄비에 붓고 팔팔 끓으면 불을 끄고 배합초를 만든다.

3 내열 유리병에 손질한 셀러리를 담고 뜨거운 배합초를 병에 붓는다. 병을 만져 보아 내용물이 상온으로 맞춰지면 냉장고에 넣어 3일 이후부터 먹는다. 사진은 비내열 유리병을 사용하는 독자를 위해 다른 방법을 제시했다. 배합초가 끓으면 바로 손질한 셀러리를 넣는다. 미지근해지면 유리병에 넣어 냉장 보관하고 역시 3일 후부터 먹는다.

To Raise Vegetables

Part 03
허브

루꼴라

루꼴라 키우기

씨앗은 좁쌀과 비슷하고 갈색이다. 약으로 소독 처리하지 않은 씨앗이라면 어린잎채소로 키우는 것이 향긋하고 부드럽다. 열무처럼 생겼지만 열무만큼 크게 키우면 맵고 맛이 없어진다. 본잎이 4~5장 나왔을 때 통째로 수확하면 가장 맛있게 먹을 수 있다. 낱장으로는 반복 수확이 가능하지만 뿌리째 뽑아도 다시 키우는 데 2~3주면 충분하다.

재료 2L 페트병 화분, 통에 들어갈 만큼의 흙(원예용 상토), 루꼴라 씨앗, 퇴비 또는 수경 재배용 양액

1

화분에 흙을 80%만큼 담고 화분 아래에 물그릇을 받쳐 흙이 물을 충분히 흡수하게 한다. 그런 다음 엄지손가락으로 씨앗 굵기만큼의 깊이로 눌러 씨앗을 3개를 올리고 주위의 흙으로 씨앗을 덮는다. 그러고 나서 분무기로 씨앗이 젖을 만큼 물을 3번 분무하고 화분을 랩으로 덮는다.

2

씨앗을 심고 약 2주일 전후로 본잎이 나온다. 루꼴라 본잎은 어릴 때는 완전히 모양이 나오지 않고 둥글둥글하다. 씨앗을 심고 약 일주일 전후로 떡잎이 나오고, 새싹이 랩을 밀어 올리면 벗겨낸다. 이때부터는 햇빛을 충분히 보게 한다. 루꼴라는 3개를 모두 키우는데, 어릴 때 모두 수확해서 먹을 용도이기 때문이다. 그림에는 알아보기 쉽게 셋 중 하나만 표현했다.

3

루꼴라의 떡잎이 나온 주변에 연속으로 잎이 추가로 나온다. 만약 새로 나오는 잎들 사이에 마디가 생긴다면 빛이 부족한 것이니 햇빛을 충분히 보게 한다. 또한 퇴비나 수경 재배용 양액 등의 덧거름을 매주 한 번 주기적으로 주어 자라면서 영양분이 부족하지 않도록 신경 쓴다.

4

연속해서 새잎이 계속 나온다. 줄기와 잎 사이에서 새로운 잎이 나오기도 한다.

5

씨앗을 심고 약 한 달 정도 지나면 본잎이 계속 나오면서 점점 루꼴라 자체의 모양이 나기 시작한다.

6

본잎이 나온 이후에는 언제든지 수확해도 된다. 큰 잎을 낱장으로 수확하거나 통째로 수확해서 먹는다. 낱장으로 수확하면 반복수확이 가능하다.

Tip 루꼴라의 줄기가 보라색으로 변하면 잎이 매워 먹기 어려울 수 있다. 그럴 경우 바로 뽑고 다시 심어 키운다.

루꼴라를 이용한 간단요리 레시피

루꼴라 피자

피자 도우 반죽을 직접 한다면 먹기 2시간 전에 반죽을 준비하는 것이 좋다. 토핑으로 방울토마토를 썰어 올려도 좋다.

1인분 재료 피자 반죽 1덩어리, 토마토소스 1/2컵, 피자치즈 1/2컵, 루꼴라 ¼컵, 토핑용 파마산 치즈 약간

준비하기 피자 반죽을 한 후 냉장고에 30분 휴지시킨다. 루꼴라를 씻어 건져 둔다.

RECIPE

1 볼에 반죽 재료를 넣고 한 덩어리로 뭉쳐질 때까지 섞는다. 반죽 표면이 매끄러워지면 봉지에 싸서 냉장고에 30분 정도 두어 숙성시킨다. 그리고 오븐을 200℃로 예열한다.

2 반죽을 꺼내 밀대나 맥주병으로 밀어 펴고, 그 위에 토마토소스와 피자치즈를 올려 예열한 오븐에 넣고 5분 정도 치즈가 녹을 만큼 굽는다.

3 치즈가 녹으면 오븐에서 꺼내 루꼴라를 올린다. 그 위에 파마산 치즈를 갈아 올리거나 시판 치즈 가루 제품을 뿌려 마무리한다.

루꼴라를 이용한 간단요리 레시피

루꼴라 샌드위치

커피전문점 샌드위치로 유명하다. 아삭하게 양상추를 넣어 만들어도 맛있지만, 루꼴라의 고소한 향을 내는 샌드위치를 한 번 맛보면 계속 찾게 된다.

1인분 재료 빵 1개, 루꼴라 가볍게 한 줌, 토마토 1개, 햄 4장, 슬라이스 치즈 2장, 홀그레인 머스터드소스 1티스푼, 마요네즈 1티스푼, 꿀 1티스푼
준비하기 샌드위치 소스로 사용할 홀그레인 머스터드와 마요네즈 그리고 꿀을 섞어둔다. 토마토는 냉장고에 넣어둔다.

RECIPE

1 빵에 재료를 넣을 수 있도록 길쭉하게 가로로 칼집을 낸다. 자른 단면에 홀그레인 머스터드를 섞은 소스를 펴 바른다.

2 냉장고에 넣어둔 것을 꺼내서 동그란 모양으로 자른다.

3 치즈→햄→루꼴라→토마토→루꼴라 순서로 넣는다. 루꼴라를 반씩 나눠 넣으면 샌드위치를 잘랐을 때 단면이 보기 좋다.

Tip 홀그레인 머스터드
겨자씨를 통째로 만든 소스로 씨앗 껍질과 동그란 씨앗 모양이 보인다. 머스타드는 보통 노란 소스로 많이 팔지만, 샌드위치에 홀그레인 머스터드를 사용하면 소스의 맛을 조절할 수 있어서 좋다. 머스터드에 꿀을 넣으면 허니 머스터드 소스가 되는데, 이것을 응용하여 샌드위치 소스를 만든다.

arugula

애플민트

애플민트 키우기

씨앗은 눈에 잘 보이지 않을 정도로 작다. 줄기 일부가 달린 뿌리나 줄기의 일부만 있어도 재생이 잘 되므로 모종을 구입해서 키우는 것이 좋다. 잎 뒷면에 진딧물이 있는 경우가 종종 있으므로 수확할 때 눈으로 확인하고 잘 씻어내야 한다. 수확할 때 전체 잎 부피의 절반 정도는 남겨 두어야 재생이 빨라 반복 수확 주기가 빨라진다. 흙 속 뿌리만 남아 있어도 월동하고 봄에 다시 싹이 난다.

재료 애플민트 모종, 퇴비 또는 수경 재배용 양액

1

모종을 구입한다. 잎 뒷면 또는 구석구석에 병충해가 없는지 확인해서 병원체의 유입을 방지한다.

2

줄기의 일부를 가위로 수확해서 이용한다. 수확하는 위치는 어디든 상관없다. 손으로 자르기에는 줄기가 억세서 수확하다가 줄기가 찢어질 수 있으므로 가위를 이용한다.

3

줄기를 수확하고 1~2주 정도 지나면 수확한 줄기를 중심으로 양옆에서 새로운 줄기가 나온다.

4

새로 Y자로 갈라져 나온 줄기를 키우다 보면 이전보다 화분이 더 풍성해진 것을 볼 수 있다. 여기까지가 애플민트를 키우는 방법이다.

5

혹시 병충해가 생겼다면 흙에 닿는 잎을 가위로 모두 제거한다. 줄기는 일부 남겨둔다. 노지에서 월동할 때는 지상부가 다 죽고 지하부인 뿌리만 남지만 봄에 다시 새잎이 돋아난다.

6

다시 1~2주 후에 흙 속과 흙 위에 새잎과 줄기가 작게 돋아나기 시작한다. 화분을 이런 방법을 통해 지속적으로 관리한다.

Tip 수확할 때마다 퇴비나 수경 재배용 양액 등의 덧거름을 매주 한 번씩 주기적으로 주어 자라면서 영양분이 부족하지 않도록 신경 쓴다.

애플민트를 이용한 간단요리 레시피

모히또

애플민트의 양이 많을수록 향이 풍부하고 맛있다.

2잔 재료 애플민트 10줄기, 레몬 1개, 소주 2잔, 사이다 1캔, 설탕 2숟가락, 얼음 약간
준비하기 애플민트를 헹궈 물기를 제거해둔다.

RECIPE

1 도마에 애플민트를 올리고 그 위에 설탕을 뿌려 칼 손잡이 쪽 끝으로 아주 곱게 다진다. 곱게 다져야 빨대에 걸리지 않아 먹기 편하다. 애플민트의 줄기 끝부분을 잘라두어 장식용으로 쓴다.

2 유리컵에 곱게 다진 애플민트를 담고 레몬은 손으로 짜서 즙을 넣는다. 레몬은 얇게 저며 한 조각 남겨두어 장식용으로 쓴다. 그다음 소주와 사이다 그리고 얼음을 순서대로 넣고 애플민트와 레몬으로 장식하여 마무리한다.

민트향 꿀자몽

자몽의 쓴맛 때문에 못 먹는 사람들이 있다. 하지만 꿀이나 연유를 곁들이면 새콤달콤하게 즐길 수 있는데, 여기에 애플민트 향까지 더한다면 신선함이 배가 된다. 만들어서 냉장고에 넣어두면 꿀에 자몽 즙이 흘러나와 꿀자몽이 된다.

1인분 재료 애플민트 1줄기, 자몽 1개, 꿀 3숟가락
준비하기 애플민트를 수확해서 헹궈둔다.

RECIPE

1 자몽을 헹궈 물기를 닦는다. 도마에 올려놓고 위아래 껍질을 칼로 자른 후 옆면도 돌아가면서 껍질이 남지 않도록 모두 제거하고 가로로 썬다.

2 그릇에 자몽과 애플민트 잎을 교대로 올리고 꿀을 넉넉히 뿌린다.

3 냉장고에 1시간 이상 두었다가 꿀과 자몽즙이 어우러져 즙이 나오면 꺼내서 먹는다.

Tip 자몽은 속껍질에서 쓴맛이 나므로 이 껍질을 제거하면 시원한 과육의 맛을 느낄 수 있다. 기호에 따라 꿀과 애플민트의 양을 줄이거나 늘린다.

로즈마리 키우기

모종을 구입해서 키우는 것이 좋다. 씨앗으로 키우면 발아율도 채소보다 떨어지고, 모종 크기가 될 때 까지 한 달 이상 걸린다. 단 잎의 개수가 많은 로즈마리 같은 경우 잎의 전체 표면적이 넓어서 화분의 물이 마르기 시작하면 금세 시들어 죽을 수 있다. 혹시 키우기에 실패했다면 물이 모자라서 죽은 경우가 상당수이다. 따라서 화분에 물이 충분해도 '매일' 물을 주는 것이 좋다.

재료 로즈마리 모종, 퇴비 또는 수경 재배용 양액

1

모종을 구입한다.

2

줄기의 일부를 가위로 수확해서 이용한다. 또한 퇴비나 수경 재배용 양액 등의 덧거름을 매주 한 번씩 주기적으로 주어 자라면서 영양분이 부족하지 않도록 신경 쓴다.

3

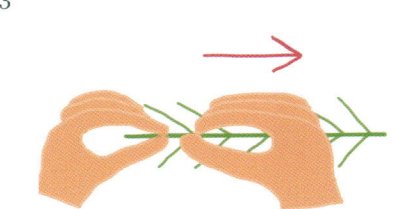

줄기를 잘랐다면 그대로 사용해도 좋다. 혹시 잎만 따로 쓴다면 한 손으로 줄기를 잡고, 다른 손으로 잎이 난 반대방향으로 훑어내면 된다.

4

줄기를 수확하고 1~2주 정도 지나면 수확한 줄기를 중심으로 양옆에서 새로운 줄기가 나온다. 흙에 가까운 줄기는 나무처럼 갈색으로 변한 경우가 있는데 그것을 목질화라고 한다.

5

키우다 보면 줄기가 삐죽삐죽 튀어나올 수 있다. 그럴 경우 필수는 아니지만 가위로 줄기를 잘라 모양을 잡아주는 것도 방법이다.

6

물을 매일 주어 잎의 개수가 많아져도 말라 죽지 않도록 관리한다. 키우다가 계절이 바뀌어도 죽지 않고 살아 있으면 더 넓은 화분으로 분갈이를 해서 키운다.

로즈마리를 이용한 간단요리 레시피

로즈마리 닭날개 구이

다리보다 날개를 이용하면 요리시간을 단축할 수 있다. 로즈마리와 올리브오일이 스며들어 잡내를 제거하고 닭고기가 부드러워진다.

1인분 재료 닭날개 10개, 로즈마리 6줄기, 올리브오일 2숟가락, 화이트와인 2숟가락, 꿀 1티스푼, 다진 마늘 1/2티스푼, 소금 1/4티스푼, 통후추 1/2티스푼
준비하기 오븐을 220℃로 예열한다.

RECIPE

1 볼에 로즈마리, 올리브오일, 화이트와인, 다진 마늘, 소금, 통후추를 넣고 섞는다.

2 닭날개를 씻고 칼집을 낸 다음 모든 재료를 비닐 팩에 넣고 섞는다.

3 오븐 팬에 종이호일을 깔고 양념한 닭다리를 얹고 220℃에서 예열한 오븐에 넣고 20분간 굽는다.

Tip 닭의 잡내 제거
우유에 담가놓아도 제거되지만 로즈마리를 이용하면 별도의 과정 없이 조리 중에도 잡내 제거가 가능하다.

로즈마리를 이용한 간단요리 레시피

로즈마리 포카치아

포카치아는 밀가루와 이스트를 넣고 납작하게 구운 이탈리아의 대표적인 플랫 브레드이다.

2개 재료 강력분 125g, 소금 3/4티스푼, 설탕 2티스푼, 인스턴트 드라이 이스트 3/4티스푼, 미지근한 물 70ml, 올리브오일 1+1숟가락, 로즈마리 잎 10개

RECIPE

1 볼에 밀가루, 인스턴트 드라이 이스트, 설탕을 섞이지 않게 넣는다. 소금은 밀가루 한쪽 끝에 따로 놓는다. 미지근한 물을 넣어 반죽을 섞고 덩어리지기 시작하면 올리브오일 1숟가락을 넣어 반죽이 매끈해지도록 뭉친다.

2 볼에 랩을 씌워 실온에서 30분간 반죽이 2배 정도 부풀도록 발효시킨다. 추울 때는 따뜻한 물그릇을 볼 아래 받쳐두면 1차 발효가 된다. 이때 오븐을 200℃로 예열한다.

3 발효된 반죽을 두 덩어리로 나누어 모양을 손가락 끝으로 꾹꾹 눌러 쏙쏙 들어가게 한다. 모양을 낸 후 올리브오일 1숟가락을 두 반죽 덩어리에 고루 나누어 바르고 로즈마리를 뿌린다. 성형이 끝나면 실온에서 30분 동안 2차 발효를 한다. 다시 반죽이 두 배 정도 부풀면 200℃로 예열된 오븐에서 10분간 굽는다.

파슬리

파슬리 키우기

씨앗은 셀러리와 비슷하며 미세한 흙가루 같다. 씨앗으로 심을 경우 잎이 곱슬곱슬한 것과 납작한 것 2가지가 있다. 보통 요리에 많이 쓰이는 것은 플랫 파슬리라고 부르는 잎이 납작한 종류인데, 이 모종을 구입해서 키우며 생으로 즐겨 보면 신선한 향이 매력적이다. 바깥쪽 잎부터 잎자루와 함께 낱장으로 뜯으면 반복 수확이 가능하며 서늘한 반그늘에서 잘 자란다.

재료 파슬리 모종, 퇴비 또는 수경 재배용 양액

1

모종을 구입한다. 잎의 앞, 뒷면에 병충해가 없는지 확인하고 건강한 것으로 고른다.

2

줄기와 잎의 일부를 가위로 수확해서 이용한다. 수확한 후부터는 퇴비나 수경 재배용 양액 등의 덧거름을 매주 한 번씩 주기적으로 주어 자라면서 영양분이 부족하지 않도록 신경 쓴다.

3

파슬리 줄기는 다른 허브들보다 길게 나는 것을 볼 수 있다. 이는 자연스러운 현상이다. 당근 친구라서 비슷한 냄새가 난다.

4

잎이 많아지면 수확해서 사용하고, 사용하고 남으면 흙과 가까운 줄기 쪽을 잘라 끈으로 묶어 말려 보관한다.

5

마른 잎은 봉지에 넣고 부수면 가루가 되어 바로 쓰기에 좋다. 바짝 말린 상태로는 장기간 보관이 가능하다.

파슬리를 이용한 간단요리 레시피

토마토소스

토마토의 씨를 제거해야 신맛이 덜한 맛있는 소스를 만들 수 있다. 굴러가는 토마토를 이용하면 알뜰하게 먹을 수 있다.

1인분 재료 파슬리 다진 것 1/2티스푼, 바질 다진 것 1/2티스푼, 완숙토마토 2개, 양파 1/2개, 올리브오일 2숟가락, 다진 마늘 1/2티스푼, 설탕 1/2티스푼, 후추 약간
준비하기 토마토 꼭지 반대쪽에 + 모양으로 칼집을 낸다.

RECIPE

1 작은 냄비에 물을 반 정도 넣고, 끓으면 칼집을 낸 토마토를 넣고 3분간 열을 가한다. 토마토를 끓는 물에서 꺼내면 칼집 주변의 껍질이 살짝 들려 있다. 이 모서리를 잡고 전체 껍질을 벗긴다. 가로로 잘라 숟가락으로 씨를 제거하고 깍둑 썰기 한다. 오래 끓이면 토마토가 물러져서 씨를 제거하기 어렵다.

2 양파를 다진다. 그런 다음 팬에 오일을 두르고 다진 마늘을 볶다가 다진 양파를 넣고 갈색이 되도록 볶는다. 이 갈색으로 볶은 양파가 소스에 단맛과 진한 색을 준다. 약간 태우듯이 볶는 것이 포인트다. 볶다가 물을 4분의 1컵씩 넣어주면서 졸이면 더 편하다.

Tip 오일을 많이 넣으면 소스의 토마토 맛이 반감되고, 소스에서 기름이 분리될 수 있다.

파슬리를 이용한 간단요리 레시피

미트볼 스파게티

미트볼을 소고기로만 만들면 퍽퍽해서 먹기 불편하므로, 돼지고기와 동량으로 준비하여 만들면 좋다. 미리 반죽하고 모양을 잡아 냉동해 두면 언제든지 미트볼 요리를 먹을 수 있다.

미트볼 12개 재료 파슬리 1/2티스푼, 오레가노 1/2티스푼, 소고기 다진 것, 돼지고기 다진 것, 양파 1/2개, 다진 마늘 1/2티스푼, 소주 1숟가락, 빵가루 1/2컵, 소금, 후추 약간

준비하기 양파를 잘게 다져 갈색이 나도록 볶아둔다. 익히지 않고 반죽에 넣으면 미트볼을 익히다가 모양이 흐트러질 수 있다.

RECIPE

1 볼에 볶은 양파와 재료를 모두 넣고 치댄다. 치댈 때는 반죽이 손가락 사이로 삐져나올 정도로 주물럭주물럭 한다. 빵가루는 반죽이 뭉치도록 도와주므로 꼭 넣는다.

2 엄지와 검지로 반죽을 잡아 동그란 모양이 잡히면 먹기 적당한 크기가 된다. 미트볼이 크면 익는 데 오래 걸리므로 너무 크지 않게 만든다.

3 팬에 오일을 두르고 모양 잡은 미트볼을 굴려가며 익힌다. 중불에서 표면을 익히다가 색이 나면 약한 불에서 뚜껑을 덮고 20분 더 익혀 마무리한다.

parsley

바질

바질 키우기

씨앗은 검은깨와 비슷하다. 물에 닿으면 개구리 알처럼 막이 생기는데 일부러 벗기지 말고 두어야 습도 유지에 도움이 된다. 본잎이 2~3장 나오기까지는 인내심이 필요하지만 직접 키우면 비싼 바질을 실컷 먹을 수 있다. 잎을 부지런히 수확해야 꽃대가 올라오지 않는다. 꽃대가 올라오면 잎의 광택이 없어지고 맛이 없고 맵다. 이 책에서 재배에 가장 추천하는 종류이다.

재료 2L 페트병 화분, 통에 들어갈 만큼의 흙(원예용 상토), 바질 씨앗, 퇴비 또는 수경 재배용 양액

1

화분에 흙을 담고 씨앗을 3개 심는다. 약 일주일 뒤에 싹이 나면 튼튼한 하나만 남기고 나머지는 뽑아낸다. 3개를 모두 키우면 자라면서 햇빛과 공간이 부족해질 수 있다. 하나를 제대로 키우면서 풍성하게 모양을 잡는 것과 셋을 동시에 키우는 것은 수확량에서 큰 차이가 없다.

2

씨앗을 심고 난 후 약 2주일 전후로 본잎이 나온다. 허브는 채소보다 잎 전개 속도가 느린 편이다.

3

본잎이 나온 후에는 점점 잎이 커지면서 줄기 사이에 간격이 생긴다. 이는 열무, 배추, 루꼴라 등과 잎이 나는 위치가 다르다. 따라서 바질은 키가 커진다는 것을 예측할 수 있다. 또한 퇴비나 수경 재배용 양액 등의 덧거름을 매주 한 번씩 주기적으로 주어 자라면서 영양분이 부족하지 않도록 신경 쓴다.

4

손가락 한 마디 정도의 간격을 두고 잎이 추가로 나온다. 줄기와 잎 사이에서는 새로운 잎이 나오기도 한다.

5

떡잎을 포함해서 마디가 4개 전후가 되면 가장 위쪽 마디를 수확해서 이용한다. 마디가 더 자란 후에 윗부분을 자르면 전체적으로 키가 너무 커져서 키우기 불편할 수 있다.

6

마디 위쪽에서 수확하면 줄기와 잎 사이에서 새로운 가지가 Y자 모양으로 나며 풍성하게 자란다. 반복수확하면서 바질을 실컷 먹을 수 있다. 특히 LED 조명 아래서 키우면 매주 수확이 가능하다.

Tip
— 수확은 마디 위쪽을 잘라도, 옆의 잎을 따도 무관하다. 전체적으로 새로 나오는 잎들이 햇빛을 최대한 많이 받을 수 있도록 모양을 잡아가며 수확하면 된다.
— 바질 씨앗은 물에 불면 가장자리에 젤리처럼 보호막이 생긴다. 이것은 자연스러운 현상이다.

바질을 이용한 간단요리 레시피

카프레제 샐러드

일반 토마토로 만들어도 좋지만, 방울토마토로 만들면 먹기 더 편하다.

1인분 재료 방울토마토 15개, 프레시 모짜렐라 치즈 한 덩어리, 바질 5장, 발사믹 소스, 올리브오일
준비하기 방울토마토와 바질을 씻어 물기를 뺀다.

RECIPE

1 방울토마토는 가로로 썬다. 세로로 써는 것보다 가로 단면이 보기 좋다.

2 프레시 모짜렐라 치즈는 물에 한 번 헹구고 표면의 치즈 잔여물을 손으로 제거한다. 가로로 한 번 썰고, 각 덩어리를 8등분한다.
Tip 프레시 모짜렐라 치즈는 보통 물에 담가 유통 판매한다.

3 접시에 손질한 방울토마토와 치즈를 담고, 발사믹 드레싱을 지그재그로 뿌린 후 올리브오일을 두른다. 그다음 군데군데 바질 잎을 얹어 마무리한다.

Tip 발사믹 소스와 발사믹 식초의 차이점
발사믹 소스(발사믹 글레이즈라고도 함)는 발사믹 식초에 단맛을 가미하여 졸인 소스다. 발사믹 식초는 레드와인을 발효시킨 것이다.

바질을 이용한 간단요리 레시피

마르게리따 피자

이탈리아의 왕비 마르게리따가 남부 나폴리를 방문한 것을 기념하며 만든 피자다. 바질의 초록색, 치즈의 흰색, 토마토의 빨간색이 이탈리아 국기를 의미한다. 피자의 이름은 왕비의 이름을 따서 지었다.

1인분 재료 토르티야 1장(크기는 원하는 대로), 토마토 소스 1/2컵, 피자치즈 1컵, 바질 6장
준비하기 바질을 씻어 건져두고, 오븐은 200℃로 예열한다.

RECIPE

1 소스의 물기를 그대로 토르티야에 올리면 도우로 사용한 토르티야가 흐물거린다. 때문에 소스를 미리 한 번 볶아 수분을 날린다.

2 도우에 원을 그리듯이 볶은 소스를 바른다.

3 피자치즈를 올려 200℃에서 예열한 오븐에 5분간 굽는다. 오븐마다 성능이 다르므로 치즈가 녹아 노릇노릇해지면 꺼내는 것도 방법이다.

basil

한련화

한련화 키우기

씨앗은 완두 크기이며 줄무늬가 있고 누런색이다. 씨앗을 물 적신 솜에 올려두어 뿌리가 나오기 시작하면 흙에 옮겨 심는다. 이렇게 하면 다른 채소보다 비교적 어렵고 오래 걸리는 싹트는 과정을 눈으로 직접 확인할 수 있다. 물만 잘 주어도 빠르게 자란다. 잎과 꽃 모두를 먹을 수 있고 반복 수확이 가능하다. 한여름에 너무 더울 때가 아니면 꽃이 잘 핀다.

재료 2L 페트병 화분, 통에 들어갈 만큼의 흙(원예용 상토), 한련화 씨앗, 접시, 키친타월, 퇴비 또는 수경 재배용 양액

1

접시에 씨앗 3개를 물에 하룻밤 불려 수분을 충분히 흡수하도록 한다. 12시간 이상 지나면 상할 수도 있으니 물에 너무 오래 담가두지 않는다.

2

하루가 지나면 물을 버리고, 물에 적신 키친타월을 깔아준다. 이때 랩을 덮어 건조해지는 것을 방지한다. 랩에는 숨구멍을 뚫어 불은 씨앗이 상하지 않도록 한다. 물이 마르면 키친타월이 촉촉해질 정도로 물을 추가로 공급해준다.

3

일주일쯤 후 씨앗 끝에서 팝콘 터지듯 뿌리가 나오기 시작하면 바로 흙에 씨앗 크기만큼의 깊이로 심는다. 심고 다시 일주일 이상이 되면 잎이 흙 위로 올라온다. 이때부터는 햇빛이 가장 잘 드는 자리로 옮겨준다.

4

시간이 지나면서 잎의 개수가 점점 많아진다.

5

한참 키우다 보면 꽃봉오리가 생기고 일 년 내내 꽃이 지속적으로 피고 진다.

6

꽃과 잎을 수확해서 이용한다. 양분과 햇빛이 충분하면 한두 뿌리로도 숲처럼 키워낼 수 있다.

Tip 한련화 씨앗의 발아는 길면 2주일 이상이 걸릴 수도 있다. 2주일 이상 지나도 싹이 나오지 않으면 실패한 것이니 다시 씨앗을 불려 과정을 반복한다.

한련화를 이용한 간단요리 레시피

꽃 비빔밥

꽃을 먹을 수 있다는 것은 생각만 해도 신기하고 우아하다. 한련화를 키워 꽃이 피면 비빔밥 위에 올려보자.

1인분 재료 밥 2/3그릇, 참치 캔 1개, 한련화 잎 10장, 한련화 꽃 1개 이상, 달걀 1개, 고추장 1숟가락, 사과 1/4개, 레몬즙 1/2숟가락, 꿀 1숟가락

RECIPE

1 사과를 믹서에 넣고 갈아 고추장, 레몬즙, 꿀과 함께 섞는다. 번거로우면 츠 고추장으로 대체해도 좋다.

2 팬에 참치 캔을 따서 넣고 수분이 날아갈 때까지 볶는다.

3 한련화 잎과 꽃을 물에 헹군다. 꽃술은 알레르기 방지를 위해 제거한다. 달걀 프라이를 하고, 그릇에 밥을 담아 재료를 한 가지씩 차례로 올려 마무리 한다.

양배추 피클

피클을 담고 남은 국물과 양배추 남은 것이 있다면 바로 담아보자.

1인분 재료 양배추 4장, 한련화 잎 20장, 피클 배합초(물 2컵, 식초 1컵, 설탕 1컵, 소금 1티스푼, 피클링 스파이스 1티스푼, 통후추 1티스푼)

RECIPE

1 양배추와 한련화 잎을 씻고 양배추는 손바닥만 하게 자른다. 그런 다음 배합초 재료를 냄비에 넣고 팔팔 끓인 후 불을 끈다.

2 손질한 양배추와 한련화를 차곡차곡 교대로 쌓는다.

3 유리용기에 채소를 담고 뜨거울 때 배합초를 붓는다. 내용물이 뜨지 않도록 작은 그릇을 하나 넣고 눌러 뚜껑을 닫아 식으면 냉장 보관한다.

딜

딜 키우기

딜은 펜넬과 식물체나 씨앗의 모양을 구분하기 어려울 정도로 비슷하다. 향이 강하기 때문에 많은 양을 키우지 않아도 요긴하게 쓸 수 있다. 요리에서 줄기와 잎을 날것 그대로 올려 향을 낸다. 모종을 구하기 어렵다면 씨앗으로 키워도 어렵지 않다. 줄기가 달린 잎을 낱개로 수확해서 조금씩 사용하므로 반복 수확하기 좋다. 상추처럼 많이 먹으면 마취효과로 인해 기절할 수 있으니 한 번에 향을 내는 정도로 손가락 한 마디 정도만 사용한다.

재료 딜 모종, 퇴비 또는 수경 재배용 양액

1

모종을 구입한다. 보통 허브 모종은 씨앗을 여러 개 심어서 여러 뿌리를 키워 판매하는 경우도 있다. 그러나 직접 씨앗부터 키울 때는 한 뿌리만 키워도 된다.

2

줄기를 통째로 잘라 이용한다. 또한 퇴비나 수경 재배용 양액 등의 덧거름을 매주 한 번씩 주기적으로 주어 자라면서 영양분이 부족하지 않도록 신경 쓴다.

3

딜은 새잎이 날 때 안쪽에서 잎들이 펼쳐지듯 전개된다. 허브는 약으로 쓰이던 것이라 한 번에 많이 먹지 않도록 한다.

Tip 바질이나 루꼴라 등은 많이 먹어도 큰 문제가 없었다. 하지만 딜을 키우면서 밥 반 공기 분량을 혼자 한 번에 먹은 적이 있는데, 먹은 후 기억이 없더니 바닥에서 깊게 자고 일어난 적이 있다. 그 후에 찾아보니 딜이 진정 효과가 뛰어나다고 나와 있었다.

딜을 이용한 간단요리 레시피

오이피클

피클을 피클답게 만드는 핵심은 바로 향신료(허브 포함)다.

재료 오이 2개, 물 2컵, 식초 1컵, 설탕 1컵, 소금 1티스푼, 피클링 스파이스 1티스푼, 통후추 1티스푼, 딜 2줄기

RECIPE

1 오이와 딜을 제외한 재료를 냄비에 넣고 팔팔 끓인 후 불을 끈다. 오이를 씻어 2cm 두께로 썰어 끓는 배합초에 딜과 함께 넣는다.

2 식으면 밀폐용기에 담아 냉장 보관해두고 먹는다.

Tip 피클링 스파이스는 여러 가지 향신료를 피클에 맞게 배합해놓은 것으로 여기에 생 허브를 추가·한다면 모양과 맛이 더 풍부해진다.

연어스테이크

연어는 생으로 먹어도 맛있고, 가장자리를 센 불에 빠르게 익혀 먹어도 맛있다.

1인분 재료 딜 1줄기, 생 연어 1토막, 소주 3숟가락, 양파 1/4개, 레몬 1/4개, 플레인 요거트 1/2컵, 꿀 1숟가락, 소금 한 꼬집, 후추 한 꼬집

RECIPE

1 양파를 다져서 찬물에 담가 매운맛을 뺀다. 먹기 전까지 찬물에 담가둔다.

2 팬에 오일을 두르고 센 불에 연어를 올린다. 올리자마자 소주를 넣어 비린내를 날린다. 재빠르게 소금과 후추를 뿌려 앞뒷면을 굽는데, 이때 껍질이 있는 쪽은 반드시 구워준다. 껍질이 싫다면 굽기 전에 칼로 저며 제거한다.

3 딜을 다진다. 플레인 요거트에 레몬즙과 꿀을 넣는다. 재료 준비가 끝나면 접시에 겉면을 구운 연어, 레몬, 다진 양파, 딜을 올리고 플레인 요거트를 곁들인다.

오레가노

오레가노 키우기

씨앗이 매우 작다. 하지만 싹을 틔우는 것도 어렵지 않아 씨앗으로도 추천한다. 모종을 구할 수 있다면 큰 화분에 심어놓고 덧거름을 넉넉히 주면서 잎을 풍성하게 키우는 것도 편하다. 오레가노를 빵이나 피자 또는 파스타 등에 넣으면 이탈리아 음식의 느낌을 잘 표현할 수 있다. 그러나 생 오레가노가 낯설다면 그늘에서 바짝 말린 후에 봉지에 넣어 부수어서 사용한다.

재료 오레가노 모종, 퇴비 또는 수경 재배용 양액

1

모종을 구입한다. 오레가노 모종은 쉽게 구하기 어렵다. 하지만 피자를 피자답게 만드는 향이라 길러보길 추천한다. 씨앗 발아도 잘 된다.

2

줄기의 일부를 수확해서 사용한다. 마디의 어느 위치를 잘라도 관계없다. 또한 퇴비나 수경 재배용 양액 등의 덧거름을 매주 한 번씩 주기적으로 주어 자라면서 영양분이 부족하지 않도록 신경쓴다.

3

수확한 줄기와 기존의 잎 사이에서 새잎이 Y자 모양으로 나온다. 반복하여 같은 방법으로 수확하고 이용한다.

오레가노를 이용한 간단요리 레시피

토마토구이

1인분 재료 토마토 1개, 마늘 1톨, 소금 한 꼬집, 올리브오일 5숟가락, 오레가노 2줄기

RECIPE

1 토마토를 가로로 썰고, 마늘은 편으로 썬다. 오레가노는 칼로 다진다.

2 올리브오일에 편으로 썬 마늘과 다진 오레가노를 넣어 향을 낸다. 팬을 센 불에 놓고 오일 속에서 마늘을 건져 앞뒤로 익힌다. 소금 한 꼬집을 뿌려 토마토를 데워질 정도로만 구워 접시에 담는다. 그 위에 오레가노를 재워둔 올리브오일을 뿌려 마무리한다.

해산물 오일 파스타(마약 파스타)

한 번 맛보면 자꾸 생각나는 마약과 같은 파스타이다. 해산물과 올리브오일 그리고 허브로 맛을 낸다. 오레가노가 이 파스타 맛의 포인트다. 면을 꼬들꼬들하게 삶아 팬에서 해물 육수를 배어들게 해야 맛있는 파스타가 된다.

1인분 재료 파스타면 1인분, 바지락 10개, 새우 3마리, 소주 1/4컵, 마늘 3톨, 올리브오일 5숟가락, 물 10컵, 소금 2티스푼, 오레가노 다진 것 1/2티스푼, 다슬리 다진 것 1/2티스푼

RECIPE

1 새우 머리를 자른 다음 몸통의 껍질을 깐다. 만약 꼬리를 남긴다면 꼬리의 물총은 제거해야 조리할 때 기름이 튀는 것을 방지할 수 있다. 바지락은 껍질끼리 닿도록 비벼 씻어 건져둔다. 마늘은 편으로 썬다.

2 팬에 올리브오일을 두르고 중불에서 마늘을 튀기듯이 볶는다. 마늘이 노릇노릇해지면 바지락, 새우 그리고 소주를 넣고 센 불에서 알코올과 함께 비린내를 제거한다. 새우의 색이 완전히 변하자마자 건져두고 불을 끈다.

3 냄비에 물을 붓고 끓으면 소금과 파스타 면을 넣고 5분간 삶는다. 해물을 볶아둔 팬에 삶은 파스타 면과 면 삶은 물인 면수를 1/2컵 넣어 졸인다. 면수와 함께 오레가노와 파슬리도 함께 넣는다. 이 과정이 3분 단에 이루어져야 파스타가 쫀득하고 맛있어진다. 불을 끄기 전에 새우를 넣어 살짝 데우고 접시에 담아내어 마무리한다.

Tip 마늘을 볶을 때 불이 세면 순식간에 타버린다. 팬을 기울여 올리브오일을 모아 마늘을 볶으면 적은 양의 오일로도 충분히 조리할 수 있다.

타임

타임 키우기

씨앗이 먼지처럼 작지만 싹이 잘 나고 자라는 속도도 빠르다. 여러 종류가 있으며 색이나 향이 다르다. 잎의 개수도 아주 많고, 표면적이 넓어 물을 많이 필요로 하므로 매일 물을 주어 시들지 않도록 한다. 시들면 1~2일 만에도 죽어 회복이 불가능하다. 반복 수확이 가능하다. 넓은 화분에 키우면 지상부가 더 크게 자란다.

재료 타임 모종, 퇴비 또는 수경 재배용 양액

1

모종을 구입한다. 뿌리가 여러 개인 경우가 많다. 다른 허브 모종 구입 때와 마찬가지로 건강한 것을 고른다.

2

줄기의 일부를 수확해서 사용한다. 마디의 어느 위치를 잘라도 관계없다. 또한 퇴비나 수경 재배용 양액 등의 덧거름을 매주 한 번씩 주기적으로 주어 자라면서 영양분이 부족하지 않도록 신경 쓴다.

3

수확한 줄기와 기존의 잎 사이에서 새잎이 Y자 모양으로 나온다. 반복하여 같은 방법으로 수확하고 이용한다.

4

흙에 가까운 잎이 시들어 있다면 시든 잎을 손으로 훑어 제거한다.

5

키우다 보면 뿌리가 화분에 가득 차서 화분 밖으로도 자랄 수 있다. 이 경우 더 큰 화분으로 옮겨준다.

6

분갈이를 할 경우 흙(원예용 상토)과 퇴비를 준비한다. 퇴비는 화분 윗부분을 덮을 정도면 된다.

타임을 이용한 간단요리 레시피

허브오일

올리브오일 향도 좋지만 허브를 넣어 풍부한 향을 내면 샐러드나 음식이 더 산뜻해진다.

재료 뚜껑이 있는 빈 병, 빈 병의 양만큼 올리브오일, 타임(또는 다른 허브) 10줄기

RECIPE

1 타임을 씻어 마르거나 색이 변한 부분은 제거한다. 키친타월로 둘기를 닦아내고 한나절 정도 말린다.

2 병에 말린 타임을 넣고 오일을 채운 후 냉장고에서 2주 정도 숙성한 후 사용한다. 라벨지에 오일의 이름과 만든 날짜를 적어둔다.

허브향 통닭구이

천천히 익혀야 수분을 유지해서 닭고기가 퍽퍽해지지 않는다. 닭기름에 곡물이 익어 누룽지가 생기면 바삭하고 맛있다.

2인분 재료 닭 1마리(가장 작은 것), 병아리콩(이집트콩) 1/4컵, 찹쌀+ 기타 곡물 3/4컵, 알감자 5개, 타임 10줄기, 소주 1컵, 올리브오일 1/4컵, 소금 1/2티스푼, 통후추 1/2티스푼, 이쑤시개 3개

준비하기 병아리콩은 오래 불리지 않고 조리하면 딱딱해서 먹기 힘들기 때문에 하룻밤 물에 불린다. 찹쌀은 30분 동안 물에 불려 체에 받쳐두고, 타임을 씻어 물기를 제거한다. 오븐을 180℃로 예열한다.

RECIPE

1 닭을 흐르는 물에 깨끗이 씻는다. 특히 몸통 안쪽의 이물질을 신경 써서 제거한다. 날개 끝부분, 기름이 많은 꼬리를 자른다.

2 넓은 그릇에 닭을 담고, 몸통 안쪽에 타임과 소주를 부어 30분 이상 재워둔다.

3 닭을 건져 뱃속에 불린 콩과 찹쌀을 일부 넣고 쏟아지지 않도록 이쑤시개로 고정한다. 팬에 종이호일을 깔고 손질한 닭과 남은 곡물 그리고 감자를 올린다. 그 위에 통후추와 올리브오일, 소금을 골고루 뿌린다. 그런 다음 180℃로 예열된 오븐에서 40분 동안 굽고, 타기 쉬운 다리 끝은 호일로 감싼 후 200℃의 오븐에서 20분 구워 닭 표면을 노릇하게 구워 마무리한다.

Tip 닭 뱃속에 곡물을 빡빡하게 채우면 잘 익지 않으니 지나치게 눌러 담지 않도록 한다.

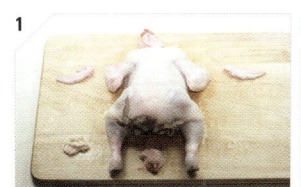 

**내가 키운 채소로 만드는
맛있는 한 그릇 요리**

초판 1쇄 발행 2020년 2월 25일

지은이 장진주
펴낸이 이지은 **펴낸곳** 팜파스
기획·진행 이진아 **편집** 정은아
디자인 조성미
마케팅 김민경, 김서희
인쇄 케이피알커뮤니케이션

출판등록 2002년 12월 30일 제10-2536호
주소 서울시 마포구 어울마당로5길 18 팜파스빌딩 2층
대표전화 02-335-3681 **팩스** 02-335-3743
홈페이지 www.pampasbook.com | blog.naver.com/pampasbook
페이스북 www.facebook.com/pampasbook2018
인스타그램 www.instagram.com/pampasbook
이메일 pampas@pampasbook.com

값 15,000원
ISBN 979-11-7026-322-7 (13590)

ⓒ 2020, 장진주

· 이 책의 일부 내용을 인용하거나 발췌하려면 반드시 저작권자의 동의를 얻어야 합니다.
· 잘못된 책은 바꿔 드립니다.
· 이 책에 나오는 작품은 저자의 소중한 작품입니다.
  작품에 대한 저작권은 저자에게 있으며 2차 수정·도용·상업적 용도·수업 용도의 사용을 금합니다.

이 도서의 국립중앙도서관 출판시도서목록(CIP)은 서지정보유통지원시스템 홈페이지(http://seoji.nl.go.kr)와 국가자료공동목록시스템(http://www.nl.go.kr/kolisnet)에서 이용하실 수 있습니다.(CIP제어번호: CIP2020002919)